Axel Bohnenkamp

Tarot für Partner

D1868158

Für Mutti

Axel Bohnenkamp

Tarot für Partner

Das Spiel der privaten und beruflichen Beziehungen

BAUER Classics

Verlag Hermann Bauer
Freiburg im Breisgau

Die Deutsche Bibliothek – CIP-Einheitsaufnahme

Bohnenkamp, Axel:
Tarot für Partner : das Spiel der privaten und
beruflichen Beziehungen / Axel Bohnenkamp.
[Mit 78 Abb. und 14 Zeichn. von Jean Restayn]. –
2. Aufl., unveränd. Nachdr., Sonderausg. –
Freiburg im Breisgau : Bauer, 1999
(Bauer classics)
ISBN 3-7626-0709-5

Die 2. Auflage von *Tarot für Partner* ist ein unveränderter
Nachdruck der 1. Auflage, die 1989 im Verlag Hermann Bauer erschien.

Autor und Verlag danken der U. S. Games Systems, Inc., New York,
für die freundliche Genehmigung zum Nachdruck der
Karten aus dem Rider-Waite-Tarot.
© 1971 by U. S. Games Systems, Inc., New York
Alle weiteren Reproduktionen sind verboten.
Bezug durch die AG Müller, Neuhausen/Schweiz

Mit 78 Abbildungen und 14 Zeichnungen von Jean Restayn

2. Auflage 1999
ISBN 3-7626-0709-5
© 1989 by Verlag Hermann Bauer KG, Freiburg im Breisgau
Das gesamte Werk ist im Rahmen des Urheberrechtsgesetzes geschützt.
Jegliche vom Verlag nicht genehmigte Verwertung ist unzulässig.
Dies gilt auch für die Verbreitung durch Film, Funk, Fernsehen,
photomechanische Wiedergabe, Tonträger jeder Art, elektronische Medien
sowie für auszugsweisen Nachdruck.
Einband: Ralph Höllrigl, Freiburg im Breisgau
Druck und Bindung: Wiener Verlag, Himberg
Printed in Austria

Inhalt

Vorwort

In den letzten Jahren erlebte die Esoterik einen stürmischen Aufschwung. Sie wird in privaten Zirkeln studiert und in der Öffentlichkeit heftig diskutiert. Einige halten sie für *das* Allheilmittel unserer modernen, zerrissenen Welt schlechthin, andere finden sie interessant, und wieder andere verdammen sie in Grund und Boden. Was aber ist Esoterik?

Das Wort Esoterik bezeichnete ursprünglich eine geheime, nur Eingeweihten zugängliche Lehre. Dabei handelt es sich um eine bestimmte Art des Denkens, um das Bestreben, den Zusammenhängen und Gesetzmäßigkeiten der Welt und des Lebens auf den Grund zu kommen, sie zu begreifen und dieses Wissen dann nutzbringend anzuwenden. Die Lösungen werden in uns, im inneren Zusammenhang der Welt gesucht. Ziel ist es, die Gesamtheit, das Ganze zu erfassen, zu vereinen statt aufzuspalten. Die Beschäftigung mit der Esoterik soll dazu führen, daß der Mensch lernt, nach und nach, in Ruhe und Gelassenheit, sich selbst, den Partner und die Welt zu begreifen und dieses Wissen dann zu leben – nach und nach.

Ohne Zweifel gehört der Tarot in den Bereich der Esoterik. Von vielen anderen esoterischen Disziplinen unterscheidet er sich durch den direkten Zugang, den er auch Anfängern ohne jegliche Vorkenntnisse bieten kann. Sie müssen keine komplizierten Denkgebäude aufbauen, keine unverständlichen Ausdrücke verstehen, keine verschlungenen Pfade gehen. Sie sind lediglich aufgefordert, Bilder zu betrachten. Diese Bilder sind selbst für jene nicht neu, die noch nie in ihrem Leben ein Tarotspiel in der Hand hatten. Diese Bilder wohnen jedem Menschen seit seiner Geburt inne – und der gesamten Menschheit seit Urzeiten.

Dieses Buch soll nicht in die Tiefen esoterischen Wissens und Denkens führen, sondern mit Hilfe des Tarot all denen direkte, leicht verständliche und unmittelbar anwendbare Ratschläge geben, die

– eine harmonische Partnerschaft wünschen oder erhalten wollen;
– sich klarwerden wollen, warum es in ihrer Partnerschaft kriselt, warum es »schief läuft«;
– bereits erkannte oder noch im verborgenen bohrende Probleme klar sehen und deuten . . . und sie dann aus ihrer Partnerschaft verbannen wollen.

Bitte verzeihen Sie schon jetzt die manchmal zahlreichen Wiederholungen im Text. Ich habe sie bewußt eingefügt, um Ihnen als Leser ständiges Blättern und andauernde Querverweise zu ersparen. Sie sollen vollständigen und ausreichenden Rat an der Stelle finden, an der Sie ihn suchen.

Den Begriff *Partnerschaft* habe ich weit gefaßt. Er umfaßt private Partnerschaft (Ehe, Eltern-Kinder-Beziehung) ebenso wie berufliche (Kollegen, Gesellschafter einer Firma usw.). Selbstverständlich sind alle Deutungen, Legesysteme und Aussagen auch auf andere Lebensbereiche anwendbar. In jedem Fall kann der Tarot Ihnen helfen, eine Richtung zu finden und klare Entscheidungen zu fällen.

Der Tarot

Was ist Tarot?

Der Tarot ist ein Kartenspiel aus insgesamt 78 Einzelkarten, die sich gliedern in 22 große Arkana, große Geheimnisse, und 56 kleine Arkana, kleine Geheimnisse.

Die großen Arkana sind traditionell mit lateinischen Ziffern durchnumeriert, von 0 bis XXI; jede Karte trägt einen bestimmten, seit Jahrhunderten überlieferten Namen, der freilich je nach Zeitalter, Vorliebe des ausführenden Künstlers oder persönlicher Auffassung des »geistigen Vaters« des jeweiligen Kartendecks durchaus variieren kann, dem Inhalt nach jedoch immer auf das gleiche hinausläuft.

Die großen Arkana heißen: 0 Der Narr, I Der Magier, II Die Hohepriesterin, III Die Herrscherin, IV Der Herrscher, V Der Hierophant, VI Die Liebenden, VII Der Wagen, VIII Gerechtigkeit, IX Der Eremit, X Rad des Schicksals, XI Kraft, XII Der Hängende, XIII Tod, XIV Mischung, XV Der Teufel, XVI Der Turm, XVII Der Stern, XVIII Der Mond, XIX Die Sonne, XX Gericht, XXI Die Welt. In einigen Kartendecks aus früherer Zeit heißt beispielsweise die Karte V Der Papst (statt Der Hierophant), ein Zugeständnis an Konventionen des damaligen Jahrhunderts. Wichtig sind mithin nicht die Namen, sondern der Inhalt der Arkana, den Sie noch eingehend in diesem Buch kennenlernen werden.

Die kleinen Arkana unterteilen sich in vier Sätze – den Satz der Stäbe, den Satz der Kelche, jenen der Schwerter sowie den Satz der Münzen. Jeder einzelne Satz hat vier *Hofkarten:* Bube, Ritter, Königin, König – und zehn *Zahlenkarten:* Das As (die erste Zahlenkarte) sowie die Karten II bis X des jeweiligen Satzes.

Woher der Tarot, dieses festgefügte, in sich geschlossene, durch und durch logische System von Einzelkarten stammt, wer ihn »erfunden« oder entdeckt hat, aus welchem Land, aus welchem Jahrhundert er kommt, sind Fragen, die sich nicht mit Sicherheit beantworten lassen.

Es gibt eine hübsche Legende: Nach dem großen Brand, der Vernichtung der weltberühmten Bibliothek von Alexandria, setzten sich – recht verzweifelt – die Weisen Ägyptens zusammen und beratschlagten, wie das ungeheure Wissen der Menschheit für künftige Generationen zu bewahren, zu retten sei. Vom Niederschreiben in neue Bücher nahmen sie – verständlicherweise – Abstand. Zu frisch war die Erinnerung an den Brand, die Verheerung. Schließlich, nach schier endlosen Diskussionen, bemerkte einer aus dem Kreis, das einzige, was mit Sicherheit die Jahrhunderte, die Jahrtausende überdauerte, sei ... das Laster. Also verschlüsselten die Weisen ihr Wissen in einem Kartenspiel.

Tatsächlich ist der Tarot der Urvater aller Kartenspiele. Aus ihm entwickelten sich Skatkarten, deutsches Blatt, französisches Blatt, Canasta-Rommee-Karten und viele mehr. Sie können übrigens alle Kartenspiele mit Ihrem Tarotdeck (ohne die großen Arkana) spielen. Der Narr, zum Beispiel, ist der Joker.

Die meisten Menschen, die der Frage nach dem Ursprung des Tarot nachgingen, sind der Ansicht, er stamme aus dem altägyptischen Kulturkreis. Er sei das *Buch des Thoth.* Thoth ist jene Gottheit der ägyptischen Mythologie, die für Wissen, für verstandesmäßige Leistungen, für die Schrift und die Zeiteinteilung, für Intelligenz schlechthin zuständig war. Thoth ist der Mondgott, sein Symbol war der heilige Vogel Ibis. Das Interessante und Aufregende am *Buch des Thoth* ist, daß es eben kein Buch mit starr aufeinanderfolgenden Seiten ist, sondern durch die Struktur als Kartenspiel die Möglichkeit zu vielfältigen Kombinationen gibt und damit den Weg zu schier unzählig vielen Ansatzpunkten für eigene Gedanken, Überlegungen, Schlußfolgerungen ebnet. Der Tarot fordert Sie direkt auf, mit ihm zu spielen.

Wie viele Tarotdecks momentan erhältlich sind, weiß ich nicht. Es sind viele, sehr viele, aus alter wie aus jüngster Zeit. Eines der schönsten in meiner Sammlung ist ein Nachdruck des *Visconti-Sforza*-Spieles aus dem Mailand des 15. Jahrhunderts. Auch das von Salvador Dali gestaltete *Dali Tarot Universal* ist von größtem Reiz und hohem ästhetischem Wert. Für Anfänger wie auch für Geübte, die weniger Gewicht auf das Sammeln als vielmehr auf die praktische Arbeit mit dem Tarot legen, sind beide Decks – wie so viele andere – leider nicht geeignet.

Einige Künstler hielten sich tatsächlich streng an die tradierten Inhalte, andere nahmen sich wesentlich mehr Freiheit heraus, sei es nun von der rein künstlerischen Gestaltung her, oder sei es, daß sie eigene Überzeugungen und Ansichten wesentlich in den Vordergrund stellten. Einige Tarotdecks sind deshalb leider so verfälscht in ihrer Aussage, daß ihr Gebrauch kaum mehr zu empfehlen ist.

Nur eine Handvoll Kartendecks erfüllt drei Grundvoraussetzungen, die Sie bitte bei Ihrer persönlichen Wahl berücksichtigen sollten:

- sie enthalten alle Inhalte der Arkana unverfälscht;
- sie sprechen den Betrachter unter künstlerischen wie ästhetischen Gesichtspunkten an;
- sie ermöglichen eine unverzügliche, direkte Zwiesprache mit den Bildern des Tarot – ohne Verkrampfung, ohne Künstlichkeit, ohne Umwege über langwierige Erklärungen.

Die Sprache des Tarot ist eine reine *Bildersprache,* die direkt, eben über das Bild, mit Ihnen, Ihrem Herzen und Ihrem Verstand Kontakt aufnimmt und eine Verbindung herstellen soll und kann. Erklärungen in Form von Worten (oder Büchern!) sind eigentlich überflüssig. Sie können lediglich Hilfestellung leisten, sie verkürzen die Zeit bis zum inneren Verstehen. Schauen Sie Bilder an, und Sie werden begreifen.

Eines der wenigen Tarotdecks, das alle drei Forderungen erfüllt, ist jenes, das Arthur Edward Waite 1910 zusammen mit Pamela Colman Smith entwickelt hat. Dieses Kartendeck benütze ich sowohl für meine persönlichen Belange als auch in Anfänger- und Fortgeschrittenenkursen mit bestem Erfolg. Deshalb beziehe ich mich in diesem Buch auf den Rider-Waite-Tarot, nicht um dieses spezielle Kartendeck zu erläutern, sondern um Ihnen mit seiner Hilfe den Tarot nahezubringen. Ein Vorteil des Rider-Waite-Decks ist, daß hier auch die kleinen Arkana mit Bildern versehen sind. Traditionell ist dies nur bei den großen Arkana und den Hofkarten der Fall. Die Zahlenkarten tragen gewöhnlich nur das Symbol ihres Satzes in der entsprechenden Anzahl.

Eine weitere empfehlenswerte Alternative ist das *Tarot Classic,* das in seiner ursprünglichen Form aus dem 18. Jahrhundert stammt. Nicht raten möchte ich Ihnen zum Kauf von Miniausgaben, mögen sie beispielsweise für Reisen noch so praktisch erscheinen. Durch das kleine Format dieser Karten wird die Zwiesprache gerade für den Anfänger nicht erleichtert, sie wird deutlich erschwert.

Es spricht einiges dafür, daß der Name *Tarot* vom französischen *tarotée* kommt, der Bezeichnung für das Muster aus sich kreuzenden Linien unterschiedlicher Breite auf der Rückseite der Karten. *Tarocken* hat mit dem Tarot, wie wir ihn hier verstehen, nichts zu tun. Es ist eine Abwandlung des Kartenspielens, die vor allem in Österreich verbreitet ist. Unter Tarocken versteht man oft »Kartenschlagen« in seiner übelsten Ausprägung.

Reizvoll ist auch der Gedanke, Tarot könnte das abendländische Gegenstück zum Buch der Wandlungen, dem I-Ging, sein. Der Vorteil des Tarot gegenüber nahezu allen Gedankenmodellen, die ihren Ursprung im Fernen Osten haben, ist, daß wir »Westler« in uns bereits über die nötigen wissensmäßigen Voraussetzungen verfügen, um Denkgebäude aus dem Abendland, unserer Heimat, relativ einfach verstehen zu können und nicht auf äußerst langwierige Studien angewiesen sind.

Das Geheimnis des Tarot

Bitte fragen Sie mich nicht, warum der Tarot Antworten gibt. Ich weiß es nicht. Ich weiß lediglich, daß er richtige Antworten gibt.

Eine Möglichkeit, mit dem Tarot zu »arbeiten«, habe ich Ihnen bereits genannt: das Spielen in Form von Skat oder anderen Gesellschaftsspielen. Es gab Zeitepochen, in denen sich gerade das reine Spielen größter Beliebtheit erfreute, nicht zuletzt in höfischen Kreisen, wo man sich kostbare Originalspiele, von Künstlern gemalt, leisten konnte. Der zweite Bereich des Arbeitens mit dem Tarot läuft auf das »Wahrsagen« hinaus. Dieses Wort hat einen unangenehmen Beigeschmack aufgrund der vielfältigen Scharlatanerie, die in diesem Bereich betrieben wurde und immer noch wird. Deshalb ziehe ich das Wort »Divination« beziehungsweise »divinatorische Arbeit« vor. Ich zitiere aus einem lateinischen Wörterbuch: *divinus* heißt (unter anderem) göttlich, übernatürlich, unvergleichlich, vortrefflich. »Wahrsagen« akzeptiere ich nur unter dem Aspekt: das »Wahre erkennen«, »Wahrheit sehen wollen«. Das wichtigste, wohl am besten treffende Wort ist *sehen*.

Mit Hilfe des Tarot können wir lernen zu sehen . . . die Wahrheit in uns und um uns. Dafür spielen wir entweder mit offenen Karten (im

Sinne der Divination, nicht der Gesellschaftsspiele) oder befragen den Tarot anhand verdeckt zu ziehender Karten (die eigentliche Divination).

Das Spiel mit offenen Karten gibt uns die Möglichkeit, uns mit unserer Persönlichkeit, unseren Wünschen, Zielen und Hoffnungen auseinanderzusetzen, über sie nachzudenken. Der Tarot fungiert hier als Hilfsmittel, als Stütze. Sie könnten nach folgendem Schema vorgehen:

Aus den 22 großen Arkana wählen Sie offen eine Karte, die nach Ihrer Einschätzung den *momentanen* Zustand Ihrer Partnerschaft charakterisiert. Danach wählen Sie jene, welche den von Ihnen *gewünschten* Zustand kennzeichnet. Beide Karten legen Sie nun nebeneinander, tauchen ein in die Karten, meditieren in Ruhe, überlegen, was Sie tun müssen, was Sie tun sollten, welchen Aufgaben, welchen Herausforderungen Sie sich stellen müssen, um den gewünschten Zustand zu erreichen. Oder Sie wählen eine Karte, die Ihre Einstellung zur Partnerschaft symbolisiert, und dann eine zweite, von der Sie meinen, diese kennzeichne die Einstellung Ihres Partners. Dann setzen Sie beide Arkana miteinander in Verbindung (siehe Kasten *Der Stab, große Arkana,* Seite 15).

Der Form und Art Ihres Spielens, Ihrem Ideenreichtum, sind keine Grenzen gesetzt. Bitte vermeiden Sie jedoch gerade am Anfang das Wählen zu vieler Karten auf einmal, sonst verlieren Sie zu schnell den Überblick. Bitte beachten Sie: Beim Spielen mit offenen Karten gibt nicht der Tarot Ihnen eine Antwort, sondern Sie suchen selbst in sich und durch sich die richtigen Antworten – über den Umweg der Bildersprache des Tarot.

Hinweis: Besonderen Reiz erhält das Spielen mit offenen Karten gemeinsam mit dem Partner, zum Beispiel:

- Sie wählen eine Karte, weil Sie dies wollen (oder nicht wollen), je nachdem.
- Ihr Partner zieht zum gleichen Fragenkomplex eine zweite Karte, weil er dies nicht will (oder will!).

Dann bringen Sie beide Ergebnisse in Einklang. Dadurch gewinnen Sie eine fruchtbringende Basis für geistige Auseinandersetzung, für eine Diskussion, die nun nicht mehr in der Luft hängt. In diesem »Partnerspiel«, wie ich es gerne nenne, gibt es schier unzählige Variationsmöglichkeiten. Ich kenne Paare, die so auf eine äußerst spaßige, erfreuliche Weise, geradezu in Form eines lustigen, partnerschaftlichen Spielens Probleme lösen oder ihre kontroversen Angelegenheiten bereits im Vorfeld klären, so daß überhaupt keine Probleme entstehen.

Die eigentliche divinatorische Arbeit, bei der Ihnen der Tarot Antworten gibt, vollzieht sich mit verdeckten Karten. Sie ziehen hierbei verdeckt eine oder mehrere Karten nach unterschiedlichen Legesystemen und deuten dann die Antworten. Der Tarot lügt Sie dabei nicht an. Erliegen Sie nicht der Versuchung, sich selbst zu belügen, zu täuschen. Der Tarot will Ihnen ja gerade helfen zu sehen, wieder sehen zu lernen: Ihre Persönlichkeit, Ihre Fähigkeiten und Möglichkeiten, den tatsächlichen Zustand Ihrer Partnerschaft, Ihre tatsächliche Stellung in und Ihre tatsächliche Einstellung zu dieser Partnerschaft. Er hilft zu sehen, was in Wahrheit *ist*, und gibt Aufschluß über die Basis Ihrer Vergangenheit, auf der bauend Sie in die Gegenwart gegangen sind.

Zudem hilft der Tarot Ihnen (und dies ist ebenso interessant und von Bedeutung), zu sehen und zu erkennen, wohin in der Zukunft Entwicklungen führen, die ihren Ausgangspunkt in der Gegenwart haben. Sie lernen also das Resultat laufender Entwicklungen kennen, das eintreten wird, falls Sie – *wichtig!!! – keine bewußten Änderungen* herbeiführen.

Der Tarot sagt *nicht*, Ihre Partnerschaft sei momentan unter aller Kritik, vom Zerfallen bedroht, aber in etwa zwei Jahren werde Ihnen ein blonder Mann/eine brünette Frau begegnen, den/die Sie heiraten. Der Tarot sagt aber: Ihre Partnerschaft ist momentan vom Zerfallen bedroht. Sie wird auseinanderbrechen, wenn Sie nicht bewußt Gegenmaßnahmen einleiten und durchführen, die nötigen Konsequenzen ziehen. Wenn Sie zusätzliche Karten zu Rate ziehen, können Sie sogar Aufschluß über die Art dieser Maßnahmen erhalten oder eben andere – zusätzliche – Informationen, die Sie jetzt – in der Gegenwart – benötigen.

Der Tarot sagt *nicht*, Ihre Partnerschaft sei momentan von einer derart großen Harmonie und Vollendung, daß Sie sich einfach in die Zukunft treiben lassen können, ohne Weiteres zu tun, ohne daß Ihrer Partnerschaft auch nur irgendeine Gefahr drohen kann. Der Tarot sagt aber: Ihre Partnerschaft ist von einer derart großen Harmonie und Vollendung, daß ihr in naher Zukunft keine Gefahr drohen wird, falls

Der Stab, große Arkana

Wenn Sie zwei große Arkana des Tarot zueinander in Verbindung setzen wollen, so gibt es hierfür eine hervorragende Möglichkeit: Sie addieren die Zahlenwerte beider Einzelkarten und erhalten hierdurch eine dritte, die den »Stab« symbolisiert, also den Charakter der neuen Kraft, die aus der Verbindung der beiden Einzelkräfte entstanden ist oder entstehen würde.
Beispiel: VII Der Wagen (Dynamik) und III Die Herrscherin (Kraft der Gefühle) ergibt: X Rad des Schicksals (Die Balance im Leben).
Sollten Sie beim Addieren eine höhere Zahl als 21 erhalten, ziehen Sie bitte vom Ergebnis die 22, die Anzahl der großen Arkana ab, also zum Beispiel: XVII Der Stern + XX Gericht = 37, entspricht XV Der Teufel. Beide Kräfte zusammen ergeben eine Sackgasse, den falschen Weg. Wenn Sie wissen wollen, warum, lesen Sie bitte in den entsprechenden Kapiteln ... (Falls Sie zwei kleine Arkana in gleicher Weise miteinander in Verbindung setzen wollen, finden Sie die entsprechende Anleitung auf Seite 116, Kasten *Der Stab, kleine Arkana*)

Sie weiter so fortfahren in Ihrer Lebensgestaltung wie bisher und momentan. Spüren Sie den Unterschied?

Zusammenfassung

Der Tarot zeigt den Verlauf von Entwicklungen und deren Resultat in der Zukunft auf, wenn sie so weiterlaufen wie bisher.

Sehen Sie für Ihre Zukunft, Ihre Partnerschaft also *Negatives,* brechen Sie bitte nicht in Panik aus, weil Sie meinen, gegen drohendes

Unheil ließe sich sowieso überhaupt nichts mehr tun. Sie haben die Fähigkeit und die Kraft, den Lauf zum Positiven hin zu wenden. Fragen Sie den Tarot ergänzend, wie Sie dies bewerkstelligen können.

Sehen Sie für Ihre Zukunft, Ihre Partnerschaft *Positives*, haben Sie keinen Anlaß, von nun an Ihre Hände völlig beruhigt in den Schoß zu legen, sich auf Ihren Lorbeeren auszuruhen, denn jetzt könne ja nichts mehr, überhaupt nichts mehr passieren. Sie sind gefordert, mit aller Kraft den positiven Verlauf der Entwicklung zu sichern, ihn aktiv voranzutreiben.

Der Tarot, ich kann dies gar nicht oft genug erwähnen, akzeptiert in jeder Hinsicht die Stärke, die Möglichkeiten, die umfassenden Fähigkeiten Ihrer inneren Kraft sowie Ihren freien Willen und Ihre Eigenverantwortlichkeit. Der Tarot respektiert Sie als das, was Sie tatsächlich sind: ein eigener Kosmos, eine eigene Welt, nicht ein willenloses Menschlein, das sich von allem möglichen unterwerfen, von diesem und jenem herumbeuteln lassen muß.

Der Tarot will Sie nicht *fesseln*, im Gegenteil, er will Sie befreien. Leider treffe ich immer wieder Menschen, die innerlich derart labil, zerrissen und unsicher sind, daß sie in wirklicher Verzweiflung nach dem berühmten Strohhalm suchen, nach Patentrezepten, oder noch schlimmer: nach Heilslehren und personifizierten Heilsverkündern, deren Ansichten sie begierig in sich aufsaugen, an deren Lippen sie hängen und von denen sie sich alleinige Erlösung versprechen. Der Tarot, ich sage es in allem Ernst, taugt hierfür nicht, ebensowenig wie die gesamte Esoterik. Der Tarot will Sie befreien, Ihnen helfen zu sehen, er will Sie unterstützen, damit Sie als freier Mensch voll Lebenskraft diese ungeheuer mächtige Kraft in sich entdecken, aktivieren und nutzen.

Legesysteme

Das Wort *Legesystem* bezeichnet eine festgelegte Art, die verdeckt gezogenen oder offen gewählten Karten auszulegen, um sie dann anschließend zu deuten. Auch hier gibt es kein starres Dogma, kein *Muß*, sondern eine Vielzahl von verschiedenen Systemen, von denen ich Ihnen nur einige vorstellen möchte, die sich besonders für Fragen der Partnerschaft eignen. Zunächst wieder ein paar praktische Tips:

Jedes Legesystem hat seine Vorzüge und Schwächen, auf die ich im einzelnen eingehen werde. Wenn Ihnen ein bestimmtes System besonders gut gefällt und Ihnen außerordentlich klare Antworten gibt, so stützen Sie sich bitte darauf, mag es auch vielleicht in Ihrem speziellen Fall nicht ganz optimal sein. Was hilft das ausführlichste System, wenn Sie nichts in ihm sehen?

Entscheiden Sie sich bitte *vor dem Mischen* für das Legesystem. Andernfalls besetzen Sie falsche Positionen mit den möglicherweise richtigen Karten. Die Wahl des Legesystems hängt im wesentlichen von der Art Ihrer Frage ab.

Verwenden Sie in Ihrem eigenen Interesse *nie mehr Karten als unbedingt nötig.* Mit jeder einzelnen Karte, die Sie zusätzlich ins Legesystem aufnehmen, wächst die Schwierigkeit des Deutens um ein Vielfaches. Wenn Sie durch das Ziehen *einer* Karte bereits die von Ihnen gewünschte Antwort erhalten, wozu sollten Sie dann fünf ziehen oder gar zehn? Machen Sie es sich nicht schwerer als notwendig.

Vermischen Sie nicht große und kleine Arkana. Hier befinde ich mich im Widerspruch zu den meisten anderen Autoren. Ich persönlich beachte stets folgende Regel: entweder nur die großen Arkana befragen *oder* nur die Hofkarten *oder* nur die kleinen Arkana, niemals jedoch eine Mischung aus diesen drei unterschiedlichen Systemen der Tarotkarten.

In knapper Form läßt sich sagen:

Große Arkana wählen, wenn es um umfassende, sehr tiefgehende Analysen gehen soll.

Kleine Arkana, wenn es sich um Angelegenheiten dreht, die dem täglichen Leben entstammen, Ihrer direkten, leicht faßbaren materiellen Umwelt.

Die Hofkarten stellen wiederum eine andere Ebene der Betrachtung dar. Bitte lesen Sie im entsprechenden Kapitel die ausführliche Erklärung nach.

Beispiel: Bei der Frage »Wie steht es mit meiner Partnerschaft und der künftigen Entwicklung in ihrer Gesamtheit?« sollten Sie die großen Arkana zu Rate ziehen. Bei der Frage »Werden sich die augenblicklich in meiner Partnerschaft vorhandenen Probleme in nächster Zeit lösen lassen?« hingegen empfehlen sich die kleinen Arkana. Beide Fragen sind sicher sehr wichtig, doch von unterschiedlicher Komplexität.

Sollten Sie einmal aus den großen Arkana keine klare Antwort auf Ihre Frage erhalten, vielleicht weil Sie einfach zu nervös sind oder unter Zeitdruck stehen, dann greifen Sie bitte ergänzend zu den kleinen Arkana. Doch niemals vermischen!

Bei den kleinen Arkana freilich können Sie durchaus zwei oder mehr Sätze (Stäbe, Kelche, Schwerter, Münzen) zur gleichen Zeit, also in einem Legesystem verwenden. Dies sollen Sie sogar tun, wo es nötig ist. Bei jedem Satz der kleinen Arkana finden Sie eine kurze Anmerkung, in welchen Angelegenheiten die betreffenden Karten zweckmäßigerweise zu befragen sind. Wenn Sie an einem Problem interessiert sind, das etwa den Bereich der Gefühle *und* jenen der materiellen Verankerung in der Umwelt betrifft, mischen Sie die Sätze der Kelche und Münzen gemeinsam, und ziehen Sie daraus eine oder mehrere Karten, je nach gewähltem System.

Völlig abraten möchte ich Ihnen von all jenen Legesystemen, in denen *alle* großen und *alle* kleinen Arkana, also *alle* 78 Karten des Tarot auf einmal verwendet und möglicherweise sogar ausgelegt werden. Aus solchem System können Sie *alles* lesen, also *nichts*.

Hinweis: Obwohl alle Legesysteme ursprünglich für das verdeckte Ziehen von Karten gedacht sind, läßt sich jedes von ihnen ohne Abänderungen und Schwierigkeiten auch für das *Partnerspiel* mit offenen

Karten verwenden. Wählen Sie umfassende Systeme, wie das keltische Kreuz mit zehn Karten, so empfiehlt sich die Verwendung von zwei Tarotdecks. Sie glauben gar nicht, wieviel Freude und Vergnügen es bereiten kann, die eigenen Meinungen, Vorstellungen und Wünsche direkt vor sich in bildhafter Darstellung auf dem Tisch liegen zu sehen . . . und daneben jene des Partners!

Eine Bitte: So aufschlußreich und interessant das Partnerspiel mit offenen Karten ist, so sehr möchte ich davon abraten, daß zwei Partner mehr oder weniger zu gleicher Zeit und zum gleichen Problem *verdeckt* Karten ziehen. Ich will ehrlich sein: Für diesen Rat kann ich Ihnen keine schlüssige Erklärung geben, doch endeten ein paar wenige Versuche regelrecht mit einer »Ohrfeige« des Tarot. Offensichtlich liegt dies daran, daß ein solches Vorgehen allzusehr unter dem Motto steht: Schauen wir mal, was der Tarot mir sagt, und schauen wir gleichzeitig, was der Tarot dir sagt. Experimente dieser Art sind sicher nicht angebracht.

Lineare Legesysteme

Im folgenden möchte ich mich auf die verdeckte Divination beschränken, doch sind – ich wiederhole es – alle Legesysteme auch mit offenen Karten anwendbar. Die nachstehend beschriebenen Legesysteme heißen deshalb *linear,* weil die gezogenen Karten in einer *Linie* ausgelegt werden.

Das Ziehen einer Karte

Dieses System ist das bei weitem einfachste, denn Sie ziehen lediglich *eine* Karte. Deshalb rümpfen manche die Nase und meinen, ein Arkanum allein reiche doch zum Beantworten ihrer Fragen nicht aus. Solche Menschen irren, denn gerade dieses einfache System liefert überaus klare, eindeutige Antworten, nicht nur für Anfänger. Ich kenne Fortgeschrittene, die für jeweils *ein* Jahr nur *eine* Karte des Tarot ziehen und aus ihr während zwölf langer Monate *alle* Antworten ablesen.

Das Ziehen einer Karte eignet sich *nicht* für ausführliche Analysen, etwa: Woher komme ich? Wo stehe ich? Wohin gehe ich? *Optimal* ist es, wenn es um die Beantwortung klarer, fest umrissener Fragen geht, auf die Sie eine schlüssige, direkte Antwort ohne Umschweife wünschen.

Beispiel: »Ich habe das Gefühl, mein Verhalten dem Partner gegenüber ist zu grob, zu unfair. Wird dieses Verhalten in nächster Zeit zu Störungen der Partnerschaft führen?« Auf diese Frage vermag der Tarot mit einer Karte zu antworten. Über die Art der eventuellen Störung, ihre letztendlichen Auswirkungen oder den Grund für Ihr persönliches Verhalten gibt eine Karte allein freilich nicht die ausreichende Antwort.

Generell gilt:

1. Je klarer und eindeutiger Sie Ihre Frage formulieren, um so klarer fällt die Antwort aus, da Sie diese dann klarer zu deuten vermögen.
2. Betrifft Ihre Frage einen bestimmten Zeitraum, so grenzen Sie diesen bei der Fragestellung möglichst genau ein.
   Also nicht eine Antwort für den Lauf der nächsten zehn Jahre wünschen, wenn Sie momentan tatsächlich nur die nächsten vier Wochen interessieren.

Für das *Ziehen der Karte* gibt es keine starren Regeln. Sie müssen sich jedoch *vor dem Mischen* für eine gewisse Art entscheiden. Die gebräuchlichsten Vorgehensweisen sind:

1. Sie mischen den Stapel verdeckt und decken anschließend die oberste Karte auf.
2. Sie achten beim Mischen auf die durch Ihre Hände laufenden Karten und entscheiden sich spontan für jene, die Ihnen »ins Auge springt«, von der Sie wissen, daß sie die richtige Antwort ist. Ein Nachteil hierbei ist, daß manche sich zu sehr auf den Vorgang des Mischens konzentrieren, statt auf ihre Frage und die zugehörigen Gedanken.
3. Sie mischen den Stapel und legen die Karten verdeckt vor sich aus. Anschließend wählen Sie die entsprechende Karte, entweder indem Sie sie mit Ihren Augen aussuchen oder indem Sie mit einem Finger über die Karten tasten.
4. Sie mischen den Stapel und lassen anschließend die Karten verdeckt durch Ihre Hände gleiten. So finden Sie ebenfalls die richtige Karte.

Praktische Tips

1. Entgegen meiner vorherigen Warnung möchte ich Sie doch darauf hinweisen, daß nach meiner Erfahrung das Ziehen *einer* Karte das einzige System ist, das ohne Schwierigkeiten gemeinsam von zwei Partnern mit *verdeckten* Karten durchgeführt werden kann. Beachten Sie dabei jedoch:
   - *Getrennte Kartendecks* verwenden, sonst vermischen sich die wirkenden Kräfte und ergeben überhaupt keine Antwort.
   - *Ehrliche Fragen* stellen und hören wollen. Versuchen Sie, weder sich noch den Partner und schon gar nicht den Tarot in irgendeiner Weise auf die Probe stellen zu wollen.
   - *Sprechen Sie nach dem Ziehen offen mit dem Partner.* Geben Sie sich gegenseitig *ehrlich* Antwort auf die jeweils gestellte Frage. Nur wenn Sie sich hier wechselseitig eindeutige Klarheit verschaffen, gehen Sie der Gefahr aus dem Weg, völlig aneinander vorbeizureden. Oft ist ein und dieselbe Frage bei zwei Partnern in Wahrheit völlig verschieden zu werten!
2. Wenn Sie nach der ersten Methode verfahren, also die oberste Karte aufdecken (Hauptkarte), so betrachten Sie doch auch die zuunterst liegende Karte (Nebenkarte). Diese eröffnet Ihnen noch einen weiteren zusätzlichen Aspekt über Kräfte, die jenen der Hauptkarte entgegenwirken oder sie unterstützen, verstärken. So erhalten Sie eine zusätzliche Antwort und noch mehr Klarheit.
3. Wenn Sie eine Karte gezogen, sie gedeutet haben und noch weitere Fragen stellen wollen, *allerdings zum gleichen Fragenbereich* wie vorher, dann legen Sie einfach die gezogene Karte verdeckt oben auf den Stapel, und mischen Sie erneut. Gleiches gilt natürlich, wenn Sie mit der ersten Karte irgendwie nicht klarkommen, nichts Rechtes damit anzufangen wissen. Auf diese Weise kommen Sie in ein regelrechtes *Gespräch mit dem Tarot,* in ein Zwiegespräch mit einem Freund.
4. Zum wiederholten Male meine Warnung: Vermischen Sie große und kleine Arkana nicht; stellen Sie Ihre Fragen klar; wählen Sie aus den 78 Karten mit Bedacht jene »Einheiten« aus, die Sie mischen, von denen Sie eine Antwort erhalten wollen und können!

Das Ziehen von zwei Karten

Das System mit zwei Karten ermöglicht tiefere Analysen des Woher, Wo und Wohin als jenes mit einer Karte. Allerdings ist es auch bereits um ein Vielfaches schwieriger zu deuten. Sie sollten sich entsprechend mehr Zeit dafür nehmen. Für das Ziehen, also die Auswahl der Karten, sowie für die allgemeinen Vorgehensweisen gilt Entsprechendes wie beim System mit einer Karte.

1. *Die Kreuzkarte*

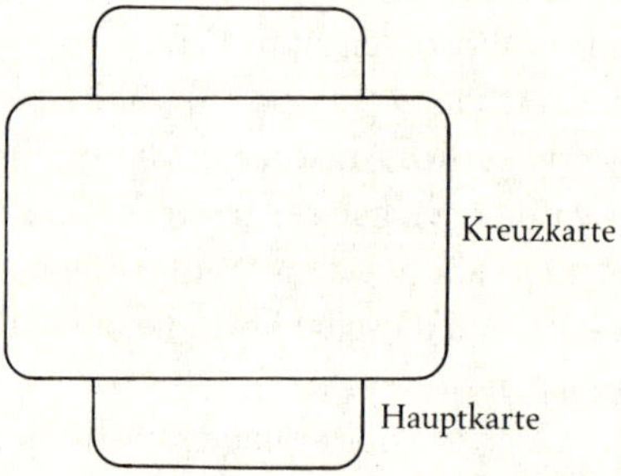

Hier betrachten Sie nicht mehr eine Haupt- und eine Nebenkarte, sondern eine Haupt- und die zugehörige *Kreuzkarte*. Während die Nebenkarte noch vage ist, mehr über der Hauptkarte »schwebt«, wirkt die Kreuzkarte direkt, unmittelbar, auf der gleichen Ebene. Sie gibt an, welche Kräfte der Hauptkarte entgegenwirken beziehungsweise welche Kräfte die Hauptkarte unterstützen, sie verstärken. Sicherlich erinnert Sie das Symbol des Kreuzes an die Vereinigung von vielleicht gegensätzlichen, in jedem Falle verschiedenen Kräften. Die Kreuzkarte bezeichnet einen durchaus konkret vorhandenen, direkten Einfluß auf die Hauptkarte.

2. *Die Stabkarte*

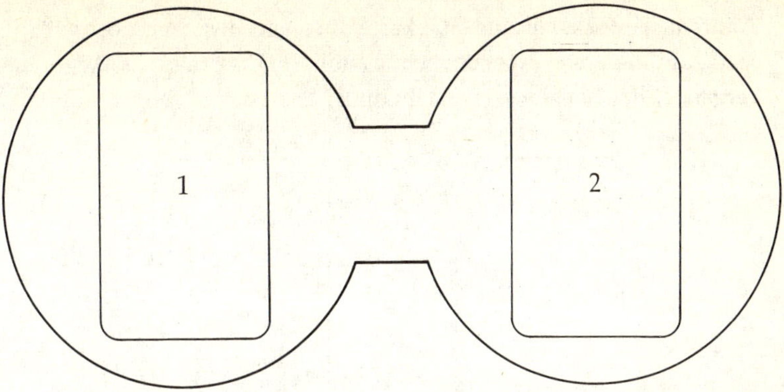

Bei diesem System geht es um zwei Kräfte (Karte 1 und Karte 2), die zur gleichen Zeit wirken, sich jedoch nicht unmittelbar beeinflussen müssen. Sie können völlig eigenständig wirken, ohne sich gegenseitig zu behindern oder zu verstärken. Aus der Tatsache, daß Sie beide Karten gezogen haben, ist jedoch zu schließen, daß beide Kräfte für den Bereich Ihres Interesses (Ihrer Frage) eine bedeutende Rolle spielen. Sie sind deshalb gefordert, beide miteinander in Zusammenhang zu bringen und zusätzlich jene Kraft zu untersuchen, die der Stab (die Verbindung) der beiden Einzelkräfte darstellt. Zur praktischen Durchführung verweise ich Sie auf die Ausführungen *Der Stab* (Seite 15). Bitte vergessen Sie allerdings nicht, neben der neuen dritten auch die zwei ursprünglichen Kräfte zu betrachten, sonst ist die Antwort unvollständig.

Wichtig: Wenn Sie mehr als eine Karte ziehen wollen, entscheiden Sie sich bitte *vor dem Mischen*, auf welche Weise Sie die einzelnen Positionen im Legesystem besetzen wollen.

3. *Der Weg*

Während Kreuzkarte und Stabkarte Ihre gegenwärtige Position in bezug auf die Frage erhellen, geht es nun um die Frage des Weges in Vergangenheit, Gegenwart und Zukunft.

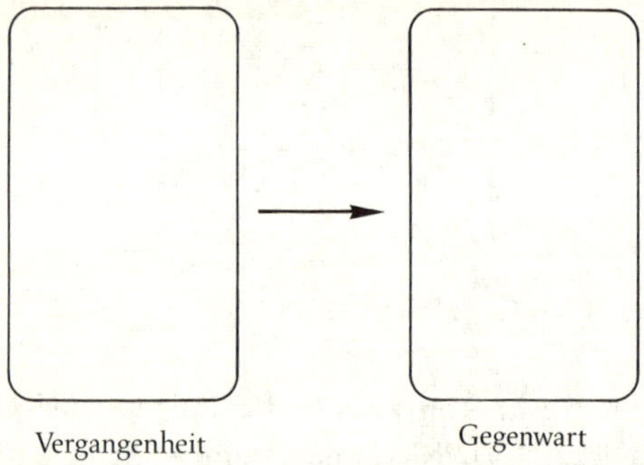

Vergangenheit – Gegenwart
Die linke Karte steht hier für Ihre Vergangenheit, mithin Ihre Basis, auf der Sie in der Gegenwart aufbauen.

Gegenwart – Zukunft
Hier sehen Sie Ihren Weg von der Gegenwart (linke Karte, gegenwärtige Position) in die Zukunft.

Tip: Es leuchtet ein, daß Sie in der Gegenwart viel von Ihrer Vergangenheit in sich tragen beziehungsweise viel von Ihrer Gegenwart mit in die Zukunft nehmen werden. Um hier besser sehen zu können, empfiehlt es sich, zusätzlich eine Karte zu ermitteln, die ich als die *Erfahrungskarte* bezeichne.

Sie errechnet sich nach dem bewährten Muster, also durch Addition der Karten Vergangenheit und Gegenwart beziehungsweise Gegenwart und Zukunft. Sollten Sie einen Wert über 21 erhalten, ziehen Sie bitte wiederum 22, die Zahl der großen Arkana, ab.

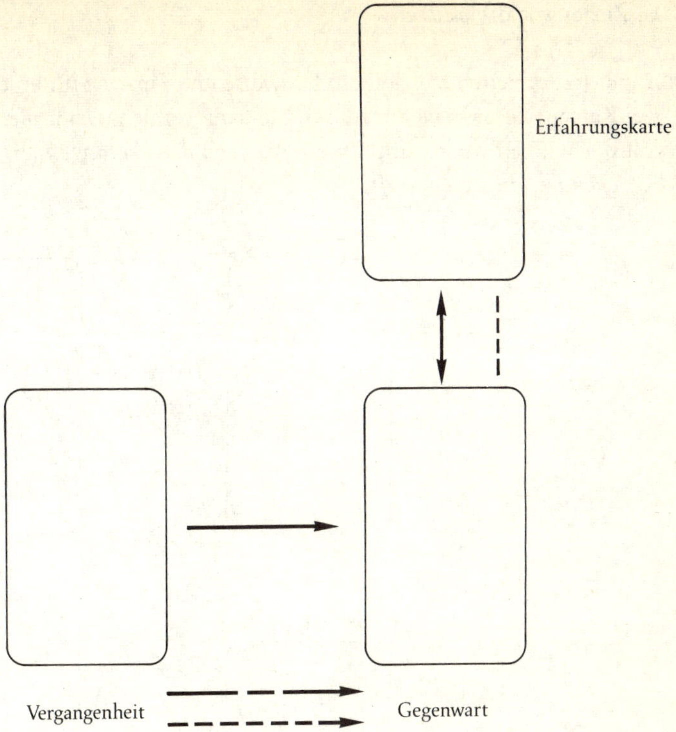

Die Erfahrungskarte schwebt nicht *über* Ihnen, wie es die Abbildung vielleicht meinen läßt, sondern sie gibt Aufschluß über all jenes, was *in* Ihnen, *an* Ihrer Partnerschaft ist und in der Verbindung von Vergangenheit und Gegenwart beziehungsweise Gegenwart und Zukunft wurzelt.

Das Ziehen von drei Karten

Grundsätzlich gelten die gleichen Hinweise und Tips wie für eine und zwei Karten. Dieses System sollten Sie dann wählen, wenn Sie Aufschluß gewinnen wollen über Ihren *Weg von der Vergangenheit über die Gegenwart in die Zukunft*.

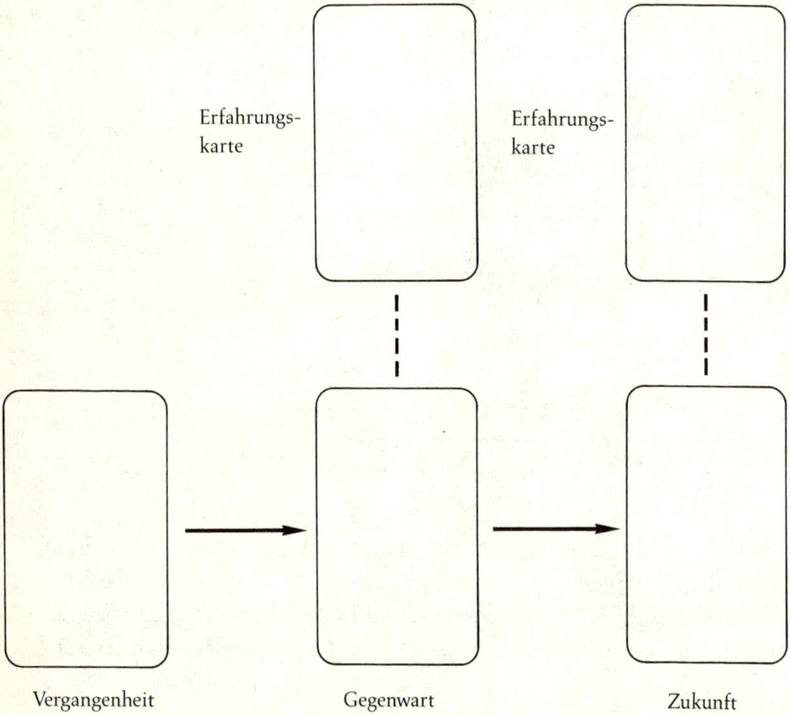

Eine beliebte Variante für Geübtere ist die Pyramide:

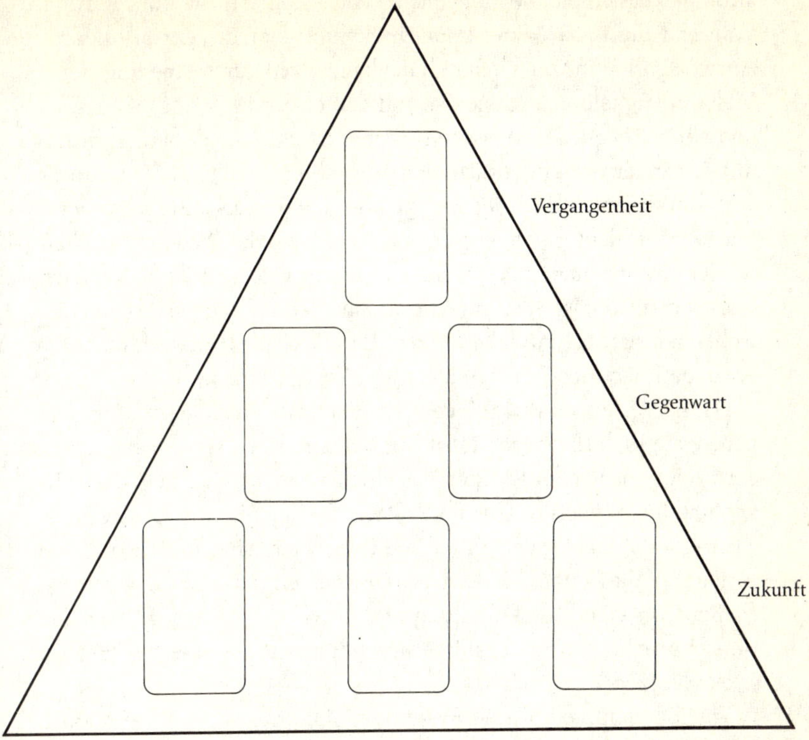

Sie ziehen für die Vergangenheit eine, für die Gegenwart zwei und für die Zukunft drei Karten. Bitte wenden Sie dieses System nur dann an, wenn Sie von seiner Notwendigkeit überzeugt sind.

»Komplex« heißen die folgenden Legesysteme nicht ohne Grund. Während die linearen Systeme direkt und klar die entsprechenden Antworten geben, zeichnen sich die komplexen durch eine ungeheure Vielschichtigkeit aus. Mögen sie auf den ersten Blick noch so einfach und simpel gegliedert aussehen – meine praktische Arbeit nicht nur mit Anfängern zeigt deutlich, daß große Probleme bei ihrer Deutung auftreten können. Es droht weniger die Gefahr, daß richtige Antworten falsch gedeutet werden, als vielmehr, daß die Fragesteller überschwemmt und überfordert werden durch die große Zahl und Kraft der vielschichtigsten Vernetzungen zwischen den gezogenen Arkana. Sie wollen alles sehen, zuviel auf einmal, und sehen schließlich nur noch ein undefinierbares Durcheinander von Kraftströmen.

Das hat nichts mit Unfähigkeit oder mangelndem Talent zu tun. Das Leben, die Welt fließt, der Tarot fließt ebenfalls, er ist nicht starr, sondern zeigt uns in aller Klarheit das Fließen von Strömungen, das Wirken und Ineinandergreifen von Kräften. Stellen Sie sich vor, Sie besuchen eine Gemäldegalerie, und die Bilder dort sind nicht starr, fest gemalt für alle Zeiten, sondern jedes für sich zeigt das Leben, wie es ist, fließend, in ständiger Wandlung und Entwicklung begriffen. Lassen Sie sich also bitte nicht überfordern, sondern genießen Sie den Tarot zu Ihrem Nutzen.

Tip: Bei dem komplexen System empfiehlt es sich, die gezogenen Karten im System schriftlich festzuhalten. So sichern Sie sich die Möglichkeit, eine Pause einzulegen und bereits Geklärtes oder noch Undeutliches später nach erfolgter geistiger Erfrischung noch einmal zu durchdenken.

Das Pentagramm

Das Pentagramm (Fünfeck) ist ein uraltes Symbol, das oft unangenehme Assoziationen weckt: Weiße Magie, Schwarze Magie. Vergessen Sie das; betrachten Sie das Pentagramm als ein Symbol für ein *Kraftfeld*, welches sich zusammensetzt aus den vier Elementen Feuer, Luft, Wasser, Erde sowie dem Geist (Äther) als Spitze. Es ist überdies ein Zeichen für das Maß des Menschen, wie es Leonardo da Vinci in seiner Zeichnung des Goldenen Schnitts dargestellt hat.

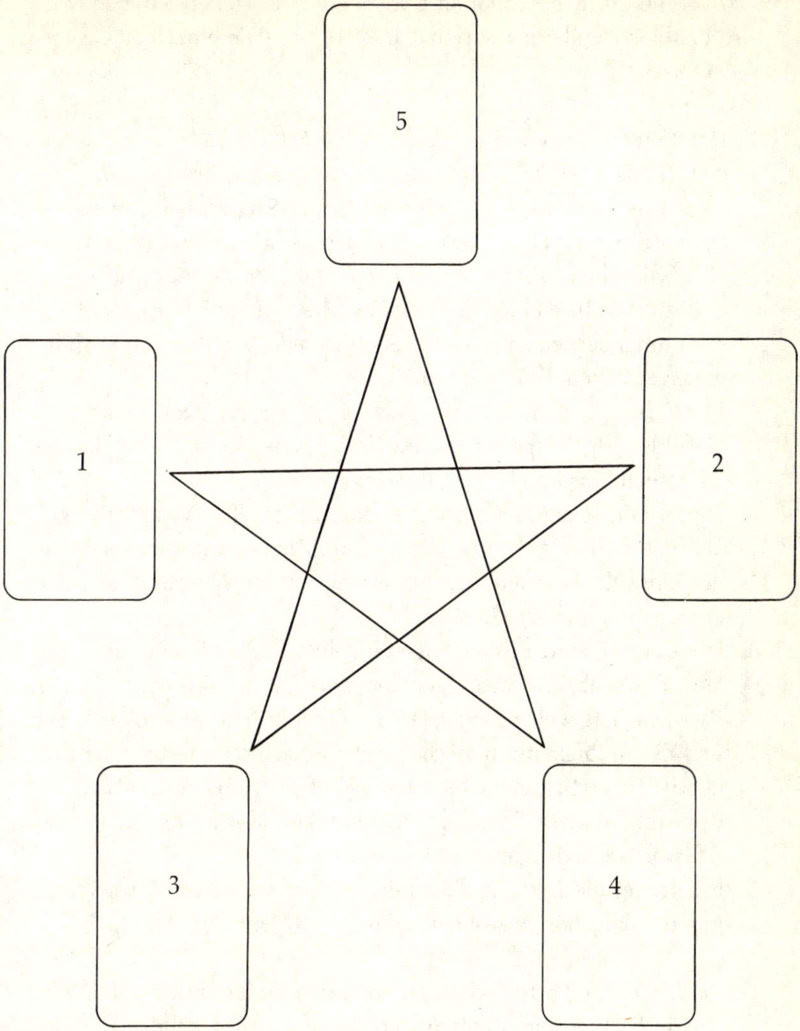
5
1
2
3
4

Als Legesystem eignet sich das Pentagramm vorzüglich für Fragen nach dem Schema: *Ja – nein, entweder – oder.*

Sie ziehen nach einer der erwähnten Arten fünf Karten, wobei Sie sich von den in der Abbildung festgelegten Positionen leiten lassen, also erste Karte gleich Position 1 und so fort. Die einzelnen Karten bedeuten:

1. Der Engel (Element *Luft,* Satzsymbol *Schwert*): Diese Karte ist dem Bereich des *Verstandes,* des *Intellektes* zugeordnet, zum Beispiel, was Sie denken; was Sie meinen, verstandesmäßig zu erkennen; was Sie mit Hilfe Ihres Verstandes als richtig ansehen und deshalb wünschen. Bitte beachten Sie, daß dies nur einige Stichworte in bezug auf Ihre Frage, Ihre Partnerschaft sind. Gefordert ist hier, wie immer bei den komplexen Legesystemen, vor allem Ihr Einfühlungsvermögen, Ihre Intuition.
2. Der Adler (Element *Wasser,* Satzsymbol *Kelch*): Der Bereich der Gefühle; was Sie spüren, was Sie fühlen, was Sie mit Ihrem Herzen wünschen, was Ihr Herz empfindet.
3. Der Stier (Element *Erde,* Satzsymbol *Münze*): Die Verankerung in der materiellen Welt; wie Sie, wie Ihre Partnerschaft im Leben, in der Umwelt dastehen; die Beziehung zu den Mitmenschen, der zwischenmenschliche Bereich.
4. Der Löwe (Element *Feuer,* Satzsymbol *Stab*): Der Bereich des Wollens, des beabsichtigten Handelns; was Sie für sich oder in Ihrer Partnerschaft wollen, anzupacken beabsichtigen, mit voller Kraft und Zielstrebigkeit tun möchten. Diese Karten umreißen klar und deutlich jenes Spannungsfeld, jenes Kraftfeld, auf dessen »Nährboden« Ihre aktuelle Frage, Ihr Problem, auf das Sie vom Tarot eine Antwort wünschen, entstanden ist.
5. bezeichnet die *Lösung,* die Antwort also, welche der Tarot Ihnen gibt (das zugehörige große Arkanum ist V Der Hierophant).

Beispiel: »Meine Partnerschaft ist an einem Tiefpunkt angelangt, an dem mein Partner und ich offensichtlich nicht mehr fruchtbar miteinander reden können. Soll ich nun auf meinen Partner zugehen und ihm die Hand geben oder weiter stur bleiben und warten, daß er handelt?« Dies ist eine durchaus typische Frage, für deren Beantwortung sich das Pentagramm hervorragend eignet.

Bitte vergessen Sie jedoch niemals zweierlei:

- Die Antwort des Tarot stellt eine *Empfehlung* dar, keinen Befehl, dies zu tun und jenes zu lassen. Es steht Ihnen frei, seinen Rat zu befolgen oder anderweitig zu verfahren.
- So klar die Antwort des Tarot in der Karte 5 stets ist, so unklar erscheint sie uns bisweilen. Wenn Sie den Tarot befragen, sind Sie sicherlich immer gefühlsmäßig engagiert; die Frage liegt Ihnen am Herzen, Sie wollen eine Antwort – und haben sich doch meist selbst schon vorher eine eigene Antwort gegeben. Fällt die Antwort des Tarot nun genauso aus wie Ihre eigene, dann ist das Deuten, das Erkennen in der Regel leicht. Im anderen Falle freilich, wenn beide Antworten vielleicht in zwei entgegengesetzte Richtungen tendieren, ist es erforderlich, erst einmal den Rat des Tarot zu durchdenken und dann selbst umzudenken. Das erfordert Offenheit und eine gewisse Zeit.

Hinweis 1: Falls Sie nun wissen wollen, warum es für die Antwort auf eine relativ klar umrissene Frage (entweder – oder, ja – nein) erforderlich ist, fünf Karten zu ziehen, dann halte ich das für eine durchaus berechtigte Frage. Ich sagte schon früher, bei den linearen Legesystemen, daß das Ziehen *einer* Karte meist ausreicht. Freilich ist es oftmals ratsam, nicht nur die Frage und ihre Lösung zu kennen, sondern das ganze »Spannungsfeld drumherum«. So kommen Sie zu einer eindeutigen, völlig klaren Entscheidung, die ja letztlich Sie selbst treffen müssen; Sie sehen, Sie erkennen deutlicher. Außerdem lernen Sie auf diese Weise vielleicht vorhandene Spannungen in Ihnen, in Ihrem Leben, in Ihrer Partnerschaft kennen, die nicht nur die aktuelle Frage gezeitigt haben, sondern in naher Zukunft möglicherweise eine lange Reihe von neuen Problemen hervorbringen könnten, auf die Sie nun vorbereitet sind, die Sie somit eventuell schon vor ihrem Entstehen gänzlich zu vermeiden imstande sind.

Hinweis 2: Im Pentagramm erkennen Sie drei Spannungsverhältnisse, deren gesonderte Untersuchung von besonderem Interesse ist:
Karte 1 – Karte 4: Was Sie verstandesmäßig erkennen, was Sie wollen.
Karte 2 – Karte 3: Was Ihre Gefühle sagen. – Was aufgrund Ihrer Verankerung in der Welt möglich, realisierbar ist.

Karte 1 – Karte 2: Was Sie verstandesmäßig erkennen. – Was Ihre Gefühle dazu sagen.

Es lohnt sich, die jeweiligen Kräfte auf sich einwirken zu lassen, in sie einzutauchen.

Hinweis 3: Lediglich die Position 5 ist in ihrer Bedeutung festgelegt als die Antwort, die Lösung. Bei den Bedeutungen der vier anderen Karten brauchen Sie nicht starr den oben skizzierten Richtlinien zu folgen. Sie sind in Ihrer Auslegung und Deutung – wie immer beim Tarot – frei. Wenn Sie möchten, betrachten Sie diese vier Karten lediglich als offengelegte Geheimnisse, die ein Kraftfeld aufzeichnen, Spannungen deutlich machen, die für Sie, Ihre Partnerschaft und Ihr weiteres Leben entscheidend sein können.

Das keltische Kreuz

Wenn es überhaupt eine Königin unter den Legesystemen geben sollte, dann ist dies sicher das keltische Kreuz, die *Crux Ansata.*

Das Kreuz steht in der Symbolik als Zeichen für die Vereinigung von Gegensätzen. Das Kalvarienkreuz, dessen Querbalken kürzer ist als der Längsbalken und höher angesetzt, symbolisiert die Vereinigung von Gegensätzen durch das persönliche Opfer. Die *Crux Ansata* steht als mächtiges Symbol für das Leben – wie es war, wie es ist, wie es sein wird. Sie sehen es in der Karte V Der Herrscher, dem Arkanum der verantwortungsbewußten Stärke.

Das keltische Kreuz ebnet als Legesystem des Tarot den Weg für tiefe, reiche und überaus fruchtbringende Analysen. Es gibt Antwort auf die Fragen: Woher komme ich? Wo stehe ich, was ist meine gegenwärtige Position? Wohin gehe ich?

Nach meinen bisherigen Erfahrungen glaube ich nicht, daß ein anderes System noch mehr oder noch bessere Antworten zu geben vermag. Seine Deutung erfordert vom Fragesteller ein Höchstmaß an Einfühlungsvermögen, Intuition, Offenheit und Ruhe. Aufgezeigt wird hier nicht »nur« ein Kraftfeld, wie beim Pentagramm, sondern eine schier nicht zu erfassende Zahl von Kraftfeldern mit einer riesigen Menge von Spannungsverhältnissen, die es gilt, in sich aufzunehmen, zu verarbeiten, zu deuten und daraus die richtigen Konsequenzen zu ziehen. Wer nun meint, ich sei vielleicht ein wenig zu euphorisch, möge erst einmal ernsthaft mit der *Crux Ansata* arbeiten und sie befragen.

Wichtig: Von entscheidender Bedeutung ist, daß Sie die Karten nicht einzeln betrachten und dann später irgendwie zu einem Flickwerk zusammensetzen. Sie sind aufgefordert, den Kraftströmen nachzuspüren, sie zu erkennen, zu fühlen, zu spüren; die Verbindungen zwischen den Karten und dann die Verbindungen der Verbindung von Karten zu deuten – mit Ihrem Wissen, Ihrem Verstand, mit Ihrem Herzen. Ihre gesamte Persönlichkeit ist aufgerufen, hier mitzuhelfen.

Die *Crux Ansata* wird gebildet aus einem Kreis (Karte 1 bis 6) und einer Säule (Karten 7 bis 10). Den Kreis deute ich persönlich als *Rad des Lebens;* die Säule nenne ich *Säule der Verankerung und des Strebens.* Der Kreis symbolisiert den weiblichen Teil Ihrer Persönlichkeit, die Säule den männlichen (Yin und Yang).

Die zehn Karten sagen folgendes aus:

1. Ihre gegenwärtige Position.
2. Der direkte Einfluß, dem Sie jetzt unterliegen (siehe Seite 22: Die Kreuzkarte).
3. Ihr Ziel, Ihr Los, Ihr Schicksal. Diese Karte ist die *Krone* des Fragestellers.
4. Ihre Basis, die entferntere Vergangenheit.
5. Die jüngere Vergangenheit.
6. Die nahe Zukunft.
7. *Der Fragesteller:* Dieses Arkanum erhellt Sie, *wie Sie sind!* Es beleuchtet Ihr Innerstes, Ihren Baum des Lebens.
8. Ihre Position im Leben, die zwischenmenschlichen Beziehungen.
9. Ihre inneren Gefühle.
10. *Das Endergebnis.* Diese Karte offenbart das Resultat, falls die Kräfte weiter wirken wie aufgezeigt und Sie nicht bewußt eine Änderung herbeiführen.

Tip: Werden Sie nicht müde, die Karten des keltischen Kreuzes zueinander in Verbindung zu setzen, zum Beispiel: 4 und 5 (die Karten für die Vergangenheit) oder 1 und 6 (Gegenwart und nahe Zukunft). Durch solche »Spiele« erschließen Sie nach und nach die Geheimnisse

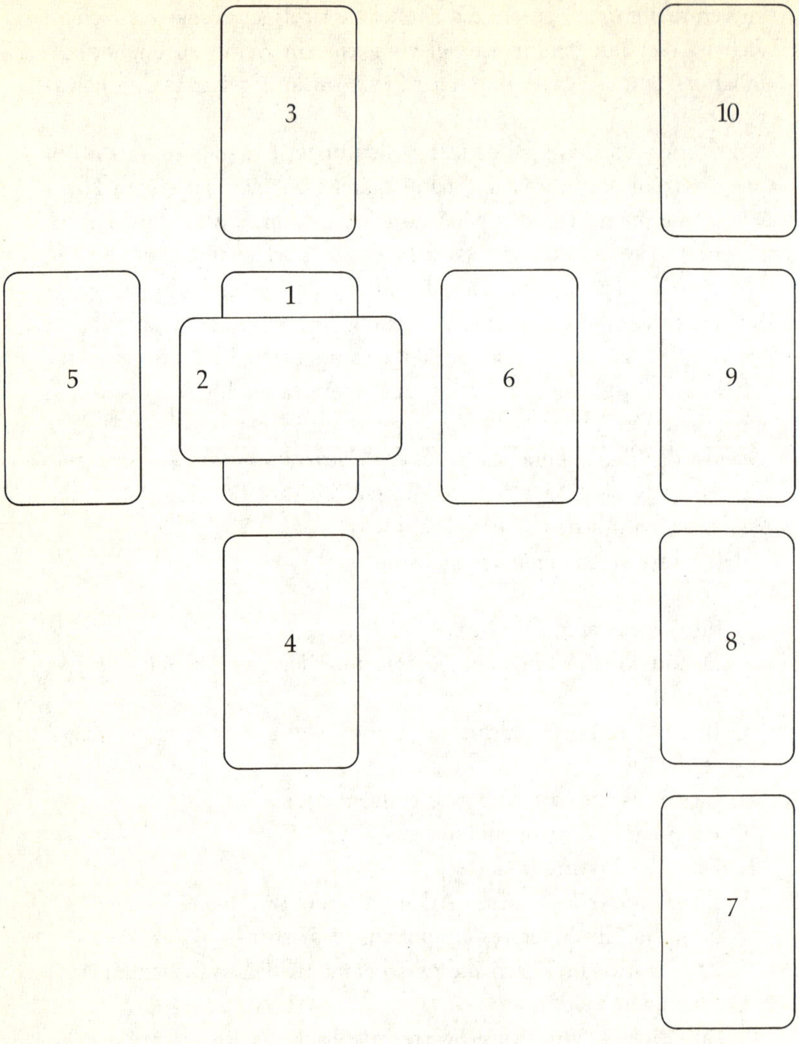

des großen Schatzes, welchen die *Crux Ansata* tatsächlich für Sie, für Ihre Partnerschaft darstellt.

Hinweis: Gerade wegen seiner Vielschichtigkeit und der Menge von gebotenen Anregungen eignet sich das keltische Kreuz sehr gut für das »Spiel« gemeinsam mit dem Partner. Allerdings, ich betone, *mit offenen Karten*, im Sinne des *Partnerspiels*, nicht als divinatorische Befragung zeitgleich mit dem Partner. Entwickeln Sie das keltische Kreuz entweder gemeinsam aus *einem* Tarotdeck (Sie erhalten so *ein* keltisches Kreuz, das Ihre Partnerschaft kennzeichnet), oder legen Sie *zwei* keltische Kreuze aus *zwei* Tarotdecks. Damit erhalten Sie zwei Systeme, die getrennt voneinander die gleiche Partnerschaft aus dem Blickwinkel des jeweiligen Partners offenlegen. Beide Varianten sind sehr reizvoll.

Das Rad des Lebens

Kehren wir zurück vom Gipfel der zehn Karten, zum *Rad des Lebens,* das zumeist aus sechs Arkana gebildet wird. Dieses System greift den Gedanken wieder auf, den Weg von der Vergangenheit über die Gegenwart in die Zukunft zu erkennen, zu deuten, um so eventuell rechtzeitig die Möglichkeit zu einer Korrektur zu haben. Im Rad des Lebens haben *die einzelnen Positionen keine festgelegten Bedeutungen,* wie beispielsweise im keltischen Kreuz. Hier gibt es nur *freie Positionen* von Karte 1 bis Karte 6.

Der *Nachteil* dieses Systems besteht darin, daß Sie keine Antworten nach einem festgefügten Schema erhalten. Sie können beispielsweise nicht, wie beim keltischen Kreuz, davon ausgehen, daß Position 1 immer ... bedeutet, Position 2 immer ... usw. Der *Vorteil* allerdings liegt in eben diesem Fehlen starrer Bedeutungen. Dies gibt Ihnen nämlich die einmalige Chance, die Positionen im System nach eigener Wahl frei zu besetzen – je nachdem, welche Frage, welcher Komplex von Fragen Sie interessiert.

Grundmodell

Sie entscheiden sich vor dem Mischen, die Positionen wie folgt zu besetzen:

Position 1: Entferntere Vergangenheit
Position 2: Jüngste Vergangenheit
Position 3: Gegenwart
Position 4: Nahe Zukunft
Position 5: Weitere Zukunft
Position 6: Ferne Zukunft

Hinweis: Es mag Sie stören, daß Sie nach der Position Ferne Zukunft wieder bei der entfernteren Vergangenheit landen, doch ist dies kein Fehler im »Denkmodell«, sondern lediglich ein Mangel der zweidimensionalen Zeichnung. Eigentlich müßte das Rad, der Kreis, als Ausschnitt einer Spirale gezeichnet werden, so daß die Position 6 in Wahrheit auf einer Ebene über der Karte 1 zu liegen kommen müßte. Das ist jedoch leider auf einem Blatt Papier oder einem Tisch nicht möglich.

Variante 1

Position 1: Kindheit
Position 2: Jugendzeit
Position 3: Den Weg finden
Position 4: Das Leben ausgestalten und sichern
Position 5: Die Zeit der Reife
Position 6: Das Alter

Vielleicht ahnen Sie nun, warum ich dieses System *Rad des Lebens* nenne.

Variante 2

Sie besetzen vor dem Mischen die Positionen mit Bedeutungen Ihrer freien Wahl, je nachdem, was Sie augenblicklich interessiert, zum Beispiel:

Position 1: Ihre Partnerschaft – – Position 4: Ihre ureigensten Wünsche
Position 6: Beruflicher Bereich – – Position 3: Privater, häuslicher Bereich
Position 2: Ihre Position unter den Mitmenschen – – Position 5: Ihre inneren Gefühle

Bitte achten Sie jedoch darauf, daß Sie bei der Deutung nicht nur die auf den Achsen gegenüberliegenden Karten zueinander in Beziehung setzen, sondern auch jene, die auf dem Rad benachbart liegen, und das Rad als Ganzes betrachten. Wo sind Schwachstellen, wo sind Schwungstellen, die vielleicht ein Rotieren herbeiführen können; welche Karten auf dem Rad können als Bremse wirken, das Rad zum Stehen, zum Umkippen bringen?

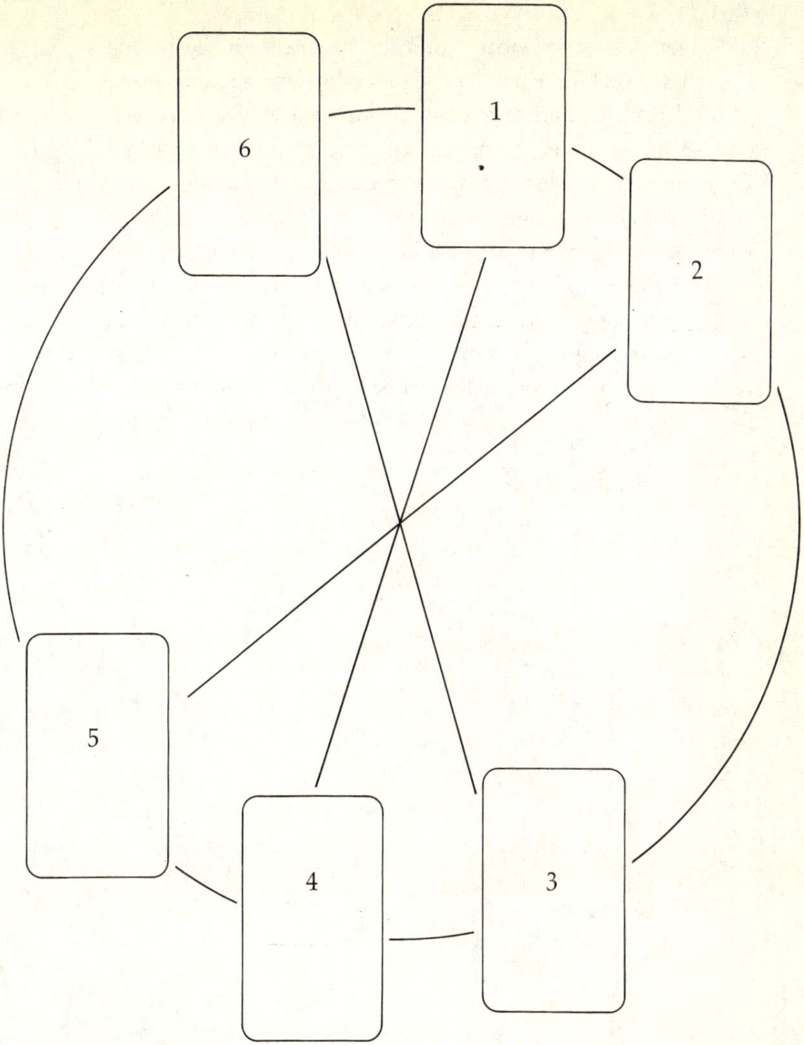

Sie sehen, Ihrem Einfallsreichtum sind keine Grenzen gesetzt bis auf die eine: Sie sollten sich nicht selbst überfordern. Notieren Sie sich die gelegten Karten, damit Sie gegebenenfalls später nochmals weiterdenken können.

Variante 3
Sie bauen das sechsspeichige Rad aus zu einem Rad bestehend aus 22 Karten und verfahren analog wie für sechs Karten beschrieben.

Ausdrücklich möchte ich Sie ermuntern, eigene Legesysteme zu entdecken, die Ihnen besonders gut zusagen und Ihren persönlichen Bedürfnissen am besten Rechnung tragen. Bitte bedienen Sie sich – zumindest am Anfang – alter Symbole als Stütze, zum Beispiel des Kreuzes, der Krone, oder – für den astrologisch Vorgebildeten – des Tierkreises, der Ekliptik. So vermeiden Sie, daß *Ihr* System irgendwo in der Luft hängt. Dem Ungeübten allerdings rate ich, sich zunächst mit den dargelegten Systemen vertraut zu machen, um so zunächst Boden unter die Füße zu bekommen, bevor Sie sich aufmachen zu neuen Ufern.

Die Arbeit mit dem Tarot

Innere Vorbereitung

Die Fragen, die gerade von Anfängern am häufigsten gestellt werden, lauten: »Wann sollte ich den Tarot befragen?« und »Wie oft darf ich ihn befragen?«

Für die Häufigkeit der Zwiesprache mit den Geheimnissen des Tarot gibt es keine Beschränkung, keine Grenze, außer der Ihrer eigenen geistigen Leistungsfähigkeit. Ich meine dies durchaus wörtlich, denn der Tarot zeigt wirkende, fließende Kräfte auf, die Sie durchdringen, die Sie erfassen, spüren, erkennen und deuten sollen, um bestmöglichen Nutzen daraus ziehen zu können. Die geistige Auseinandersetzung »kostet« keine Kraft (auch wenn das oft befürchtet wird), aber sie erfordert von Ihnen doch einige geistige Anstrengung im Sinne von Konzentration, konzentriertem Denken, Erfassen und Fühlen.

Manche Tarotkenner, ich erwähnte es bereits, ziehen nur einmal im Jahr *eine* Karte; andere befragen den Tarot täglich, wiederum andere einmal pro Woche. Es gibt kein »Zu oft«, sondern lediglich ein »Genug«, das in Ihrem eigenen Ermessen liegt, in Ihrer Fähigkeit zu Ausdauer und geistiger Konzentration.

Von großem Interesse ist auch folgende Frage: »Wenn ich kurz hintereinander die gleiche Frage stelle, fällt das Ergebnis, die Antwort des Tarot, dann auch gleich aus?« Meine Antwort lautet: Ja.

Bitte meinen Sie aber nun nicht, daß Sie bei zwei Befragungen (gleiche Frage) binnen zehn Minuten dieselben Karten ziehen. Das kann vorkommen, wird aber meistens nicht der Fall sein. Die Erfahrung zeigt allerdings, daß die *Gesamtantwort* des Tarot immer die gleiche Richtung angibt, wenn auch mit verschiedenen Karten. Sie werden noch erfahren, daß die Arkana des Tarot oberflächlich identische Begriffe in verschiedenen Karten unter verschiedenen Gesichtspunkten, auf verschiedenen Ebenen enthalten. *Kraft* kann heißen »Kraft der Gefühle« oder »Innere Lebenskraft, die alle Widerstände bändigt«, oder »Kraft, welche die Blindheit überwinden hilft« usw. (große Arkana III, XI und XV). Wenn Sie also zweimal hintereinander die gleiche Frage stellen, gibt Ihnen der Tarot die Antwort aus zwei verschiedenen Blickwinkeln, auf möglicherweise zwei verschiedenen Ebenen. Die Gesamtantwort bleibt die gleiche.

Dieses Vorgehen ist manchmal nützlich, um zusätzliche Klarheit zu erlangen. Niemals sollten Sie jedoch den Tarot auf die Probe stellen. Sie würden nur erreichen, daß Sie sich selbst verwirren und dann gar nicht mehr wissen, was zu tun ist.

Hinweis: Wenn Sie den Tarot zu einem Fragenkomplex befragt und anschließend bereits – entsprechend der Antwort – Konsequenzen gezogen haben, dann werden Sie natürlich bei der nächsten Befragung zum gleichen Thema eine andere Antwort erhalten. Sie haben ja bereits aus eigenem Willen eine Änderung der Entwicklung beeinflußt und herbeigeführt.

Auf die Frage nach dem Wann gebe ich Ihnen folgende Antwort: »Befragen Sie den Tarot immer dann, wenn Sie seinen Rat wünschen.« Weitere Regeln vermag ich nicht anzuführen. Das Wann liegt in Ihrem eigenen Ermessen.

Wenn Sie in Zwiesprache mit dem Tarot treten, sollten Sie Ruhe haben, ein klein wenig Zeit für sich. Zwischen zwei drängenden Terminen, inmitten einer lärmenden Bahnhofshalle ist sicherlich – vor allem für Ungeübte – nicht der richtige Platz. Das liegt allerdings nicht am Tarot, sondern an Ihnen. Schließlich sollten Sie sich entspannen und sich konzentrieren. Samtene Tischtücher, Sphärenmusik, schummrige Beleuchtung und Ähnliches halte ich für Humbug. Sorgen Sie für Ruhe und eine angenehme helle Umgebung.

Die *innere Vorbereitung* sollte sich in drei Stufen vollziehen:

Erste Stufe: *Abstreifen* der Sorgen, des täglichen Druckes; sich lösen aus jeglicher Hetze. Dies führt zu *Entspannung*.

Zweite Stufe: *Sich öffnen*, Geist und Herz weit werden lassen. Dies bewirkt: *Sie machen sich bereit.*

Dritte Stufe: *Konzentrieren*, ohne Anspannung, ohne Verkrampfung. Dies bewirkt: *Sie sind bereit.*

Lassen Sie sich für das Vorbereiten ruhig ein paar Minuten Zeit, achten Sie dabei auf gleichmäßige, tiefe Atmung. Jeder Moment, den Sie für

Abstreifen, Öffnen und Konzentrieren zusätzlich nutzen, wird Ihnen danach beim Befragen des Tarot helfen, klarer zu sehen, besser zu erkennen.

Besonders bewährt hat sich in meiner Praxis die *Lemniskatenübung*.

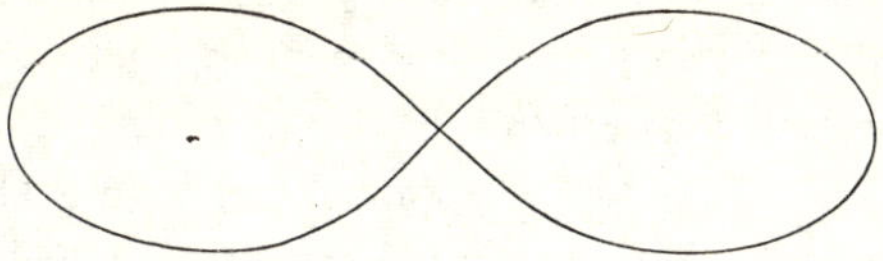

Die liegende Acht wird Ihnen im Tarot immer wieder begegnen als Symbol für unendliches Neuwerden, unendlichen Neubeginn. Zeichnen Sie die Lemniskate auf ein Stück Papier und fahren Sie anschließend mit dem Finger oder einem Bleistift auf der Figur entlang. Nach einer gewissen Zeit schließen Sie die Augen und folgen – blind und doch sehend – weiter mit dem Finger oder Bleistift der Lemniskate. Achten Sie darauf, daß Sie weder *Anfangs-* noch *Endpunkt* setzen. Fühlen Sie das Schwingen der Lemniskate ohne Anfang, ohne Ende, gleichmäßig, ruhig, geschlossen, vollkommen entspannt.

Das Mischen

Entscheiden Sie sich zunächst, welches Kartensystem des Tarot Sie bezüglich Ihrer Frage zu Rate ziehen wollen, also große Arkana, Hofkarten oder kleine Arkana (welche Sätze?). Diese ordnen Sie dann, beginnend mit der ersten Karte, in aufsteigender Reihenfolge. Zum Beispiel: 0 Der Narr, darunter I Der Magier bis XXI Die Welt oder: As der Stäbe, darunter II Stäbe bis X Stäbe.

Verwenden Sie zwei Sätze der kleinen Arkana, so legen Sie die beiden geordneten Sätze entsprechend ihrer Rangfolge über- beziehungsweise untereinander: 1. Stäbe; 2. Schwerter; 3. Kelche; 4. Münzen. Dann wieder Stäbe usw. Auch dies ist nur eine Empfehlung. Sie können die Reihenfolge der beiden Sätze auch vertauschen. Anschließend drehen Sie die geordneten Karten um und beginnen mit dem Mischen. Vorher müssen Sie für sich selbst klären, welche Frage Sie stellen, welches Legesystem Sie benutzen und wie Sie die einzelnen

Karten ziehen wollen. Für das Mischen selbst gibt es keine verbindlichen Grundsätze, lediglich einige Empfehlungen:

- Lassen Sie sich Zeit, gönnen Sie sich Ruhe. Niemand drängt Sie; vielleicht brauchen Sie nur Sekunden, vielleicht Minuten. Die Dauer des Mischens ist ohne Bedeutung. Sie werden den Zeitpunkt spüren, an dem die Karten »richtig« gemischt sind, Ihnen die richtigen Antworten geben werden.
- Lassen Sie beim Mischen die Karten durch Ihre Hände gleiten. Andere Methoden kunstfertigen Mischens mit vielerlei Schaueffekten halte ich für nicht geeignet, denn beim Mischen sollen sich Kräfte auf die geordneten, »reingewaschenen« Karten übertragen. Dies geschieht durch den Kontakt, die Berührung mit Ihren Händen.
- Während des Mischens stellen Sie Ihre Frage. Ich halte weniger davon, die Frage laut auszusprechen, auch wenn das oft gebräuchlich ist. Dabei besteht die Gefahr, daß sich der Fragesteller zu sehr auf die Formulierung der Frage konzentriert anstatt auf die Frage selbst.
- Bitte denken Sie beim Mischen in aller Ruhe über Ihre Frage nach sowie über den Zusammenhang, in dem sie steht. Denken Sie an alles, was Sie im Zusammenhang mit Ihrer Frage bewegt, was von Interesse ist.
- Im Regelfall ist es erforderlich, die Karten vor jeder einzelnen Befragung neu zu ordnen. Nur so ist die nötige »Reinheit« gewährleistet. Auf die einzige Ausnahme bin ich beim Ziehen *einer* Karte eingegangen, wo Sie die Möglichkeit haben, in eine regelrechte Zwiesprache mit dem Tarot einzutreten – freilich *zum gleichen Fragenkomplex*. Bei deutlich verschiedenen Fragen ist vorheriges Ordnen unerläßlich!
- Wenn Ihnen beim Mischen eine Karte aus dem Stapel heraus oder sogar zu Boden fällt, nehmen Sie bitte diese Karte und legen sie wieder in den Stapel zurück, fahren Sie mit dem Mischen fort, als wäre nichts geschehen! Sollten Sie so »verquer« mischen, daß zum Schluß im Legesystem eine oder mehrere Karten verkehrt, auf dem Kopf stehen, dann drehen Sie diese bitte um.

  Nach meiner *festen Überzeugung* sind beide Mischfehler völlig ohne jeden Belang für die divinatorische Bedeutung! Ich sage dies deshalb so ausdrücklich, weil manche Autoren zum Thema Tarot hier anderer Meinung sind. Nach ihrer Ansicht verdrehen sich die Inhalte, die Aussagen der betreffenden Karten ins *Gegenteil*, wenn sie im Legesystem auf dem Kopf stehen. Dem kann ich mich, aufgrund langjähriger Erfahrung, nicht anschließen.

Mangelnde Routine beim Mischen spielt überhaupt keine Rolle. Der Tarot bewertet nicht Ihre Mischkünste!

Sollten Sie jedoch beim Mischen derartige Schwierigkeiten haben, daß Ihnen *ständig* Karten zu Boden fallen und der zu mischende Stapel unaufhörlich auseinanderfällt, zeigt dies offensichtlich, daß Sie zu nervös, zu wenig ruhig sind. Sie sollten also die Befragung stoppen und zunächst versuchen, sich innerlich zu beruhigen. Dann beginnen Sie wieder von vorn. Es ist sicherlich keine Schande, wenn Sie innerlich bewegt sind, denn schließlich sollten Sie den Tarot nur für solche Fragen heranziehen, die Ihnen tatsächlich sehr am Herzen liegen.

Die Deutung

Nachdem Sie die Karten nach dem vorher bestimmten System verdeckt ausgelegt haben, drehen Sie sie nun um. Die Bilder liegen jetzt offen vor Ihnen, und Sie sind aufgerufen, sie zu deuten. Nehmen Sie sich für das Erfassen der Bilder, der Kräfte, viel Zeit. Tauchen Sie ein in die Geheimnisse des Tarot, die nun – in dem Moment, in dem Sie sie deuten – *Ihre* Geheimnisse, die Geheimnisse *Ihres* Lebens sind.

Sie können auf zwei verschiedene Weisen vorgehen:

1. Sie deuten jede Karte zunächst einzeln für sich; anschließend fügen Sie das Erkannte zu einem Gesamtbild.
2. Sie versuchen zunächst, das Gesamtbild, die Gesamtheit *aller* aufgezeigten Kräfte zu erfassen, in sich aufzunehmen, und widmen sich erst dann der Deutung der einzelnen Karten.

– Wählen Sie nach Ihrer persönlichen Neigung und abhängig vom jeweiligen Legesystem.
– Notieren Sie das Kartenbild auf einem Stück Papier. So können Sie beruhigt pausieren und später noch einmal darüber nachdenken.
– Brechen Sie nicht in Schweiß aus (oder Zorn!), wenn Sie augenblick-

lich nichts, fast nichts oder vermeintlich Falsches erkennen. Lassen Sie die Karten liegen, entspannen Sie sich, und kehren Sie zu gegebener Zeit wieder zu dem Kartenbild zurück. Je mehr Zeit Sie sich gönnen, je weniger Sie sich selbst unter Druck setzen, um so klarer sehen Sie die Antwort, um so mehr Nutzen können Sie aus ihr ziehen.

Die Grundvoraussetzung für eine sinnvolle Arbeit mit dem Tarot ist Ihre Bereitschaft zu unbedingter Ehrlichkeit, in erster Linie sich selbst gegenüber. Nur wenn Sie tatsächlich ehrlich bereit sind, Antworten sehen und Konsequenzen ziehen zu *wollen*, sollten Sie den Tarot befragen. Andernfalls verwenden Sie Ihre Zeit lieber anderweitig.

Der Tarot ist kein Allheilmittel, das unverzüglich wirkt, ohne daß Sie sich selbst engagieren und bemühen müßten. Der Tarot ist ein guter Freund, dem Sie vertrauen, auf den Sie sich jederzeit stützen können. Er enthebt Sie freilich nicht der Verantwortung gegenüber Ihrem eigenen Leben und dem Ihres Partners. Bitte respektieren Sie die Intimsphäre Ihres Partners, und versuchen Sie niemals, mit Hilfe des Tarot in sie eindringen zu wollen. Es würde ohnehin nicht gelingen. Der Tarot respektiert in jeder Hinsicht den freien Willen eines jeden Menschen. Bitte folgen Sie diesem guten Beispiel. Sollten Sie einmal unbeabsichtigt zu weit gegangen sein, reagiert der Tarot mit »Verschleiern«: Sie erkennen nichts. In einem solchen Moment sollten Sie aber wenigstens sehen, daß Sie etwas falsch gemacht haben.

Die großen Arkana

Begleiten Sie mich nun auf einem Spaziergang durch die 22 großen Arkana des Tarot. Er wird Ihnen sicherlich viel Freude bereiten und neue Einsichten vermitteln, die für Ihre Partnerschaft von unschätzbarem Wert sind.

Leider gibt es zu viele Menschen, die lieber auf schriftliche Ausführungen zu den Tarotkarten zurückgreifen, auf eine Art Bedienungsanleitung, als sich zu bemühen, selbst in das Wissen einzutauchen, es zu durchdringen und in sich aufzunehmen. Die Bilder des Tarot laden ja geradezu dazu ein, Zwiesprache mit ihnen zu halten. Sie sind der direkteste Weg zu unserem Herzen, zum Fühlen, zum Verstehen, zum Erkennen, zum Wissen. In Worte gefaßte Erklärungen zum Tarot sind nur ein dürftiger Versuch, den immens tiefen Inhalt der Arkana zu deuten. Nutzen Sie Ihre Chance und versuchen Sie – unabhängig von der Lektüre dieses Buches –, die großen und kleinen Geheimnisse des Tarot direkt zu erfahren, durch unmittelbare Zwiesprache mit den Karten. Sie brauchen dazu lediglich Offenheit und eine geringe Kenntnis uralter Symbole, die zwar nach wie vor in uns existieren, jedoch meist verschüttet und unbeachtet brachliegen. Sie warten darauf, neu entdeckt zu werden – von Ihnen.

0 Der Narr

Ich habe

Unbeschwert tänzelt ein überaus lebenslustig dreinblickender junger Mann auf einem schmalen Felsvorsprung über einem schroffen Abgrund, dessen Tiefe bewußt völlig ungewiß ist.

Das bunte, farbenprächtige Gewand ist verziert mit achtzackigen Sternen, die zum einen das Rad des Lebens (auf und ab) sowie die Zahl Acht als Zeichen für Neuwerden und Neubeginn darstellen. Die Arme sind weit geöffnet, der Narr ist offen für alle Möglichkeiten, die das Leben ihm bieten kann. Doch symbolisieren gerade die geöffneten Arme auch eine Schutzlosigkeit gegenüber Gefahren.

In der linken Hand trägt er eine weiße Rose, die in der christlichen Symbolik für Wiedergeburt steht (die *rote* Rose ist ein Zeichen für die göttliche Liebe). Über der rechten Schulter balanciert der Narr einen Stab, das Symbol für feurige Kraft, den Willen des Menschen. Doch ist dieser im Arkanum des Narren dunkel und noch nicht strahlend erleuchtet. Am Ende des Stabes sehen Sie einen zugeschnürten Beutel, der nach alter Überlieferung die vier magischen Werkzeuge Stab, Kelch, Schwert und Münze enthält. Dies bedeutet: Der Mensch als Narr hat zwar alle Möglichkeiten, doch er nutzt sie momentan nicht.

Der Begriff der *Möglichkeit* dominiert ohnehin in dieser Karte. Die »Möglichkeit« zeigt sich vor allem in der Farbe *Weiß* als jener Farbe im Spektrum, die alle Farben (= alle Möglichkeiten) enthält: in der Sonne, in der Rose, im weißen Untergewand sowie in dem kleinen Hund, der all die bisherigen Erfahrungen des Narren symbolisiert.

Das Arkanum des Narren kennt kein starres, fixes Zentrum; alles ist in Bewegung, deren Richtung und Ergebnis offenbleibt. Nicht nur die Tiefe des Abgrundes ist unseren Blicken verborgen; wir wissen ebenfalls nicht, ob der Narr im nächsten Moment hinabstürzt . . . oder innehält . . . oder sich umdreht und beginnt, bergan zu klettern. Die Sonne mag untergehen . . . oder aufgehen. Der Narr – auch das ist möglich – mag den Stein der Weisen entdecken, als dessen Zeichen eine rote Feder seine Kappe schmückt, oder in einer Laune des Augenblicks die Mütze vom Kopf in den Abgrund wirbeln und auf jegliche Chance, dieses Ziel zu erreichen, verzichten. Nur wenige, wenn auch entscheidende Dinge sind in diesem Arkanum als Tatsachen zu erkennen: die strömende Lebenslust und Lebensfreude des Narren zum Beispiel; die Kraft, die ihm innewohnt, mag er sich ihr augenblicklich überhaupt nicht bewußt sein, und schließlich, daß der Narr alle Möglichkeiten hat, alle Chancen in sich birgt. Steht er wirklich, »tatsächlich« am Anfang des Weges? Sie werden die Antwort erfahren, im Laufe der nächsten Kapitel.

Schlüsselsätze: Ich habe alle Möglichkeiten. Ich liebe das Leben, bin offen für Liebe. Ich habe Kraft und Erfahrung. Neues liegt vor mir, ich gebe nicht auf, sondern gehe den Weg.

Divinatorische Bedeutung: Leichter Sinn – auch Leichtsinn, Gedan-

0
Der NARR

I
Der MAGIER

II
B
J
Die HOHEPRIESTERIN

III
Die HERRSCHERIN

IV
Der HERRSCHER

V
Der HIEROPHANT

VI
Die LIEBENDEN

VII
Der WAGEN

VIII
KRAFT

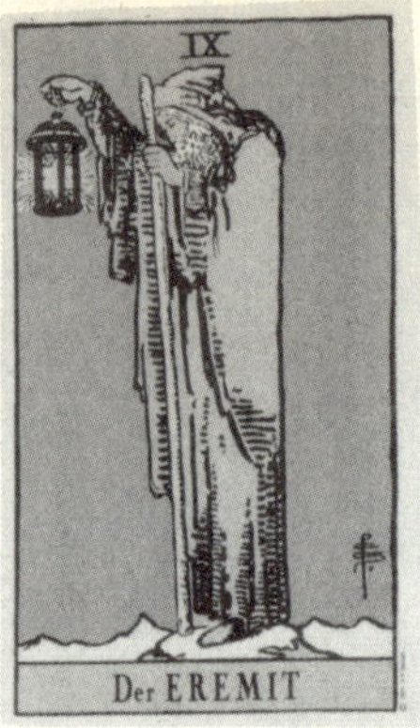

kenlosigkeit, Extravaganz. Eine Partnerschaft, die vom Arkanum des Narren geprägt ist, zeichnet sich aus durch überschäumende Lebensfreude und Lebenslust, durch große Unbekümmertheit, aber auch durch Richtungslosigkeit: abstürzen (im bildlichen Sinne), sich wieder hochrappeln, bergan klettern, hinfallen, sich wieder hochrappeln, hierhin gehen oder dorthin oder letztlich ganz woandershin, alles ist möglich. Die Betonung liegt auf Spontaneität, auf plötzlichen Entscheidungen, oft aus puren Launen heraus, weil es eben so schön erscheint.

Es existieren keine festen Pläne, sondern Unreife, Unbesonnenheit, mangelnde Disziplin (was im passenden Moment nicht unbedingt als negativ zu werten ist). Anfang eines aufregenden Abenteuers. Ein

XIII
TOD

XIV
MÄSSIGKEIT

XV
Der TEUFEL

XVI
Der TURM

XVII
Der STERN

XVIII
Der MOND

XIX
Die SONNE

XX
GERICHT

XXI
Die WELT

Projekt/eine Partnerschaft starten, ohne vorher alle Einzelheiten in Betracht gezogen zu haben. Initiative, Enthusiasmus; große Freude auf Neues. Die Übernahme von Verantwortung wird letztlich abgelehnt. Alle Chancen und Möglichkeiten sind vorhanden, werden aber nicht immer gesehen und wahrgenommen.

Hinweis: Falls Sie selbst oder Ihre Partnerschaft durch das Arkanum des Narren charakterisiert werden, dürfen Sie sich durchaus an dem leichten Sinn, der Lebenslust, an dieser Art von »Flitterwochen« erfreuen. Doch sollten Sie sich davor hüten, den Narren auf Dauer überhandnehmen zu lassen. Sie sollten sich nicht im wahrsten Sinne des Wortes »zum Narren machen lassen«. Eine kleine Torheit hin und wieder – ja; Dummheit auf Dauer – nein.

I Der Magier

Ich bin

Der Magier ist kein Zauberer, er will Menschen nicht umzaubern und sie zu etwas zwingen, was sie eigentlich gar nicht wollen, nicht wünschen, ja sogar ablehnen. Er ist auch kein Gaukler, der Ihnen etwas vorgaukelt, was nicht existiert, was nicht sein kann. Er ist kein Alchimist, der mit chemischen Elementen hantiert, in verräucherten Stuben experimentiert, um Unvollkommenes irgendwie, irgendwann in Vollkommenes zu läutern.

Er ist in erster Linie ein Mensch, der beschlossen hat, sich nicht länger treiben zu lassen, nicht länger mal hierhin, mal dorthin zu driften durch die Umstände des Lebens (denken Sie an den Narren). Er ist ein Mensch, der innehält, fest steht und sagt: Ich will.

Magier zu sein ist eigentlich ganz einfach – und doch unendlich schwer. Es heißt, die dem Menschen gegebenen Werkzeuge anzupakken, Möglichkeiten und Chancen zu sehen und zu versuchen, sie zu verwirklichen, in die Realität umzusetzen – voller Selbstvertrauen, voller Zuversicht in die eigenen Fähigkeiten. Ob Wollen und Tun des Magiers letzten Endes zu einem positiven Ergebnis führen werden, was immer man darunter verstehen mag, bleibt offen. Diese Frage beantwortet der Tarot nicht, denn der Magier steht am Anfang des Weges zur Persönlichkeit des Menschen. Die Begegnung mit dem

Teufel steht ihm – vielleicht oder sicher sogar – noch bevor. Er muß die Transformation des Todes durchleiden, er muß, er kann, er wird – in jedem Fall: *er will.*

Die aufrechte Haltung symbolisiert das starke, anpackende Selbstbewußtsein. Denken Sie an das Phallussymbol. Der Stab in seiner Hand, stolz und selbstbewußt hochgereckt, ist ein Zeichen seines Willen, seiner Kraft. Der Stab ist weiß, das heißt, der Magier hat alle *Möglichkeiten,* ob gut oder schlecht, ob erfolgreich oder zum Scheitern führend, und er weiß, daß er alle Möglichkeiten hat; er ist sich dessen voll bewußt; das unterscheidet ihn vom Narren der Karte 0.

Der Stab ist an beiden Enden zugespitzt als Hinweis auf das Gesetz der Polarität, welches lautet: Zu jeder Kraft existiert eine Gegenkraft. Die Armhaltung – rechter Arm nach oben, linker nach unten – zeigt das Gesetz der *Analogie:* wie oben, so unten. Über dem Kopf des Magiers schwebt die Lemniskate, die liegende Acht. Sie verstärkt die Bedeutung der Zahl Acht als Symbol des Neuwerdens und Neubeginns zu *unendlichem* Neuwerden, *immerwährendem* Neubeginn. Bitte werten Sie dies als Hinweis darauf, daß der Bewußtseinszustand des Magiers keine einmalige Angelegenheit ist und sein darf. *Immer wieder* sind Sie gefordert, das Anpacken, das Wollen, das Selbstvertrauen des Magiers einzusetzen, um in Ihrem Leben, in Ihrer Partnerschaft voranzukommen.

Der Schlangengürtel steht für die Ekliptik, den Tierkreis, also für die Ordnung der Welt, bildlich gesprochen. *In* dieser hat der Mensch als Magier zu wirken, in unserer realen, materiellen Welt ist sein Betätigungsfeld. Der Tisch vor ihm symbolisiert eben diese Welt. Auf dem Tisch liegen die sogenannten »magischen Werkzeuge«: Der Stab (arbeiten, »schaffen«, aufbauen) ist dem Element Feuer zugeordnet (Dynamik, männlicher Aspekt, feurige Kraft, Wille). Das Schwert (zielgerichtetes Aufbauen, abschrecken, zerstören) gehört zum Element Luft. Im Tarot steht das Schwert nämlich auch für das Trennen von Rechtem und Unrechtem, das beim Menschen vordringlich die Aufgabe des Geistes ist. Der Kelch (Wasser) symbolisiert die wärmende, fruchtbare und überaus empfindliche Kraft der Gefühle. Die Münze (Erde) schließlich steht für die Verankerung in der materiellen Welt. Auf die Bedeutung, den Gehalt dieser vier magischen Werkzeuge werde ich bei den kleinen Arkana noch näher eingehen.

Bitte vergessen Sie nicht, daß der Magier kein Ziel ist; er steht am

Anfang. Das Blumengeranke um ihn – es setzt sich zusammen aus der weißen Lilie der »hellen Lichte« und der roten Rose der göttlichen Liebe – ist noch wild, ungeordnet. Die Aufgabe, es zu ordnen, einen »wohlgeordneten« Garten zu schaffen, liegt noch *vor* ihm. Der Magier sieht nicht nur »feurig« aus, er *ist* Feuer, er ist *das Symbol* schlechthin für den feurigen Willen des Menschen, der sein Leben gestalten will und kann, der sein Leben und die Welt um sich aber auch zerstören kann.

Schlüsselsätze: Ich bin; ich will; ich bin kreativ. Meine Kraft ist ohne Ende. Ich bin mir meiner Möglichkeiten bewußt. Ich bin im Besitz aller Werkzeuge, ich weiß sie zu gebrauchen, und ich gebrauche sie. Ich gestalte mein Leben.

Divinatorische Bedeutung: Großes Selbstbewußtsein, Selbstvertrauen; anpacken, wollen. Wenn Sie selbst oder Ihre Partnerschaft unter dem Arkanum des Magiers stehen, so zeichnen Sie sich durch Kraft, Kreativität und die Fähigkeit aus, Herausforderungen wirkungsvoll zu begegnen. Ihre Partnerschaft besitzt ein großes »Potential«. Sie stehen zwar am Anfang, doch sind die Aussichten auf Erfolg günstig, falls Sie im gegebenen Fall (siehe die anderen großen Arkana) in der rechten Weise handeln. Start einer Partnerschaft, bei der Wege und auch Ziele bedacht sind und »gewollt« angesteuert werden. Optimismus.

Handeln ist geboten. Nicht aufgeben, sondern durchhalten, voller Selbstvertrauen – anpacken, wollen, realisieren – immer wieder! Das Heft in der Hand halten. Willensstärke.

Zusammenfassung: Der langen Rede kurzer Sinn in bezug auf Ihre Partnerschaft: *Pack's an* oder (je nach Situation) *halt durch in voller Kraft!*

II Die Hohepriesterin

Ich denke

Eine Frau sitzt auf einem Steinquader. Er symbolisiert die materielle Welt, unsere Welt. Ihr Gesichtsausdruck ist kühl, überhaupt wirkt die ganze Karte leicht unterkühlt, warum?

Zwei Säulen stehen neben der Frau, eine schwarze und eine weiße.

Die eine heißt *Boas* (in Kraft), die andere *Jachin* (zu errichten). Beide Säulen säumten nach der Überlieferung den Eingang des salomonischen Tempels in Jerusalem. Zwei Säulen – zwei gegensätzliche Kräfte. Bitte verfallen Sie nicht in den Irrtum, Schwarz gleich böse und Weiß gleich gut zu setzen. Schwarz und Weiß symbolisieren lediglich zwei verschiedene, gegensätzliche Kräfte.

Die Hohepriesterin trägt ein Kreuz, dessen zwei Schenkel ebenfalls für zwei Kräfte stehen. Doch ist gerade das Kreuz ein uraltes Symbol für die Vereinigung von Gegensätzen. Zwei Kräfte und die Vereinigung dieser Kräfte – das ist der Schlüssel zum großen Arkanum der Karte II.

Die Hohepriesterin steht im Rad der großen Arkana für den Verstand, den Intellekt des Menschen, der strikt analysiert, was weiß ist, was schwarz, was gut, was böse, was links steht, was rechts. Damit werden Sie in die Lage versetzt zu erkennen, zu wissen, nicht aufgrund von Gefühlen, von Ahnungen, sondern durch die Kraft Ihres Verstandes. Gefühle und alles Emotionale sperrt die Hohepriesterin aus. Sie erkennen das Meer der Gefühle vage hinter dem Vorhang, der seinerseits wiederum mit gegensätzlichen Symbolen geschmückt ist: den Granatäpfeln (weiblich) und der Palme (männlich, Phallussymbol) – zwei Kräfte, immer wieder. In ihren Armen hält sie die Thorarolle, das Gesetz Gottes. Sie ist zum Teil im Gewand verborgen.

Die Krone weckt Erinnerungen an die Kuhhörner, die die altägyptische Göttin Isis als Verkörperung alles Mütterlichen, Weiblichen trug. Sie setzt sich zusammen aus den drei Mondphasen: zunehmender Mond, Vollmond und abnehmender Mond. Dies deutet darauf hin, daß die Hohepriesterin das Gesetz vom ewigen Werden, Sein und Vergehen begriffen hat. Das Mondsymbol taucht noch einmal auf in der gelben Mondsichel zu ihren Füßen – schlank und scharf, so scharf wie das Schwert des Verstandes.

Zwischen Schwarz und Weiß bildet die Hohepriesterin den ruhenden Pol, in aller Gelassenheit, ohne sich drängen zu lassen. Und doch ist sie keine gefühllose Maschine. Denn aus der Krone als Zeichen ihres Verstehens fließt ohne Unterlaß Wasser aus diesem Meer über ihre Haare, ihren Körper bis hin zu den Füßen. Die Hohepriesterin gewinnt Gefühl, sie gewinnt Intuition.

Schlüsselsätze: Ich durchdenke mein Leben klar und scharf. Ich analysiere Schwarz und Weiß. Ich erkenne Schwarz und Weiß. Ich bin gelassen und akzeptiert. Ich besitze Autorität und Stabilität. Mein Verstand ist mein Schild.

Divinatorische Bedeutung: Intelligenz, Klugheit, Verstand. Ihre Partnerschaft ist nicht unbedingt gefühlsorientiert, von Gefühlen getragen, sondern zeichnet sich durch eine Nüchternheit aus, die vom Verstand her geprägt ist. Praktischer Sinn, sich nicht in Versuchung bringen lassen, festgefügt, ruhig; allen Eventualitäten wird mit Hilfe des Verstandes erfolgreich begegnet. Keine Überraschungen, fundierte Reaktionen, ruhender Pol, Gelassenheit, Autorität, Objektivität bis ins letzte, Urteilsvermögen.

Tip 1: Wenn Sie den Tarot befragen und als Ergebnis die Karte II Hohepriesterin ziehen, so heißt dies oft, daß Sie Ihre Absicht, Ihren Plan noch einmal in aller Ruhe (nüchtern!) überdenken und sich nicht aus Gefühlen heraus zu vielleicht vorschnellen Entschlüssen hinreißen lassen sollten. Kühle, Ruhe, Denken!

Tip 2: Die Hohepriesterin ist ein sehr wichtiger Bewußtseinszustand. Dennoch sollten Sie darauf achten, Verstand und Intellekt nicht allein allem zugrunde zu legen, sonst laufen Sie ziemlich schnell Gefahr, ein »eiskalter« Typ zu werden. Das wäre schade.

III Die Herrscherin

Ich empfinde

In einem üppigen Garten sitzt eine Frau. Es ist die Hohepriesterin der Karte II, die sich durch das Entdecken und Nutzen ihrer warmen und fruchtbaren Gefühle zur Herrscherin gewandelt hat. Sie ist reich.

Aus dem kahlen Steinblock der Hohepriesterin ist ein weiches Kissenlager geworden, auf dem die Herrscherin entspannt ruht. Das untere Kissen ist rot wie die Rose, das Zeichen der Liebe; das obere Kissen leuchtet im kräftigen Rot-Orange der »marsianischen Energie« – ein Zeichen für Stärke. Die Herrscherin, um einem weit verbreiteten Irrtum vorzubeugen, ist nämlich kein »Dummerchen«, wenngleich sie das Meer der Gefühle voll erschlossen hat. Sie ertrinkt nicht in Gefühlen, schwimmt nicht halt- und ziellos in ihnen umher, sondern weiß aus ihrem Irrgarten heraus die Kraft der Gefühle vollendet zu nutzen. Dadurch gewinnt sie selbst eine ungeheure Kraft.

Außerdem schützt sie ihr Verstand. Denken Sie an die Karte II: Mein Verstand ist mein Schild. Dieser Schutzschild lehnt am Lager der Herrscherin – griffbereit. Sie weiß ihn zu führen. Allerdings hat er nun die Form eines Herzens und trägt das Symbol der Venus für Liebe, Harmonie und Schönheit. Auf älteren Tarotkarten ziert den Schild übrigens oftmals ein Adler als Zeichen der herausragenden inneren Kraft der Herrscherin, die aus dem wilden Blumengeranke des Magiers einen schönen, geordneten, zu schützenden und großen Schutz gebenden Garten erschaffen hat.

Ein reiches Kornfeld im Vordergrund der Karte legt beredt Zeugnis ab von der Fruchtbarkeit der Herrscherin, die uns als die volle Entwicklung des weiblichen Elementes im Menschen begegnet. Die Granatäpfel auf dem Kleid unterstreichen dies noch zusätzlich. Das Gewand ist so weit geschnitten, um die Schwangerschaft der Herrscherin zu verbergen. Fruchtbarkeit ist der Begriff, der sich in Karte III tatsächlich auf Schritt und Tritt zeigt.

Betrachten Sie den Wasserfall. Er symbolisiert die Geburt des Menschen und das Hervorbringen von Neuem jeglicher Art (denn Neues wird »hinausgespült« ohne die Möglichkeit zur Rückkehr in den »Mutterschoß«). Außerdem zeigt der Wasserfall, daß sich in diesem Garten die noch krassen Gegensätze von Stein und Wasser, das über diesen Stein gleitet, zu einem schönen Ganzen (dem Wasserfall eben) vereinigen und sich in Harmonie einfügen in die geschaffene Ordnung.

Die Ordnung selbst wird symbolisiert durch die Krone mit zwölf Sternen als Hinweis auf die Ekliptik, den Tierkreis. Der Magier trug dieses Zeichen als Gürtel (er wollte erschaffen); die Herrscherin trägt es stolz auf ihrem Kopf (sie hat erschaffen). Eine Krone ist in der Bildersprache des Tarot stets ein Symbol für die Verbindung des Menschen zum Kosmos, zur göttlichen Ordnung, aus der er Lebenskraft schöpft.

Der Stab des Magiers, spitz und mit zwei deutlich voneinander getrennten Enden, hat sich gewandelt zum Zeichen der Venus. Die vollendete Kugel symbolisiert den Mutterleib, den Uterus, der gebärt und doch auch zu verschlingen vermag. Wie gesagt, die Herrscherin ist *kein* wehrloses Dummerchen. In der rechten Hand, die in der Symbolsprache für das Bewußtsein des Menschen steht, hält sie das Szepter fast warnend erhoben: Verletze mich nicht, sonst schlage ich zu, wehre ich mich.

Schlüsselsätze: Ich empfinde tief. In mir ist Fruchtbarkeit, Frieden, Liebe, Harmonie. Mein Leben ist erfüllt. Ich erfülle mein Leben, meine Partnerschaft mit Freude und genieße selbst den Schutz durch meine Partnerschaft. Ich bin reich.

Divinatorische Bedeutung: Gefühlstiefe und Gefühlsreichtum, Heim, Glück, Geborgenheit. Eine Partnerschaft, die durch diese Karte gekennzeichnet wird, ist erfüllt, getragen und geschützt von warmen, fruchtbaren Gefühlen, die ihr großen Reichtum bescheren. (Bitte beziehen Sie diesen Begriff nicht nur aufs Bankkonto!) Frieden und Ruhe, Harmonie, große innere Kraft und Ausgeglichenheit, Fruchtbarkeit, Schönheit, Schutz spenden und Schutz genießen. Die Stabilität und »Wehrhaftigkeit« in diesem großen Arkanum rührt zu einem nicht unerheblichen Teil auch von der Fähigkeit her, den Verstand, den Intellekt zu nutzen (vergleiche Karte II). Wachstum, an einem Ziel angelangt sein, das Sie glücklich macht, das es zu sichern lohnt. Trauen Sie Ihren Gefühlen, doch hüten Sie sich vor übertriebener »Gefühlsduselei«.

Tip 1: Überaus gern vergleiche ich die Herrscherin mit einem Hobbygärtner (bitte verzeihen Sie!), der mit viel Liebe einen herrlichen Garten geschaffen hat. Doch Liebe allein reichte und reicht auch in Zukunft sicher nicht. Viel Arbeit ist erforderlich, sehr viel Arbeit, Achtsamkeit und Pflege. Jeden Tag gelangt er wieder aufs neue an *ein Ziel* – *das* Ziel existiert nicht. Jeder Tag bringt wieder neue Herausforderungen.

Auch Sie sollten diese Mahnung beherzigen und sich nicht auf den »Lorbeeren« der Herrscherin ausruhen. Ihr Garten (sagen Sie einfach: Ihre Partnerschaft) würde ziemlich schnell verwildern, verkommen.

Tip 2: In bezug auf einen Plan oder eine Absicht sagt die Karte III unterschwellig, daß der betreffende Mensch vielleicht nicht an das Endziel all seiner Wünsche und Hoffnungen gelangen wird, aber doch zu einem Ergebnis, welches ihn glücklich machen wird.

IV Der Herrscher

Die Stärke

Herrscher sind nicht notwendigerweise stark, wie die Geschichte lehrt. Doch geht es in diesem großen Arkanum ja auch nicht um die »Großen« der Welt, gekrönte Häupter oder weltliche wie geistliche Herrscher auf irgendwelchen Thronen, in irgendwelchen Regierungspalästen. Es geht um Menschen wie dich und mich. Wir sollen Herrscher sein, wir können und müssen es sogar werden – nur wie, das ist die Frage. Den ersten Schritt unternehmen wir als Magier (Wollen), dann gesellt sich der Verstand hinzu, dann kommen die Gefühle und jetzt der Schritt zur *Stärke* der Karte IV.

Die Stärke mit all ihren Verpflichtungen, Möglichkeiten, Zwängen und Chancen zeigt sich im Rot-Orange der »marsianischen Energie«, im, zugegeben, recht verkniffenen Gesichtsausdruck des Herrschers, der Weltkugel in seiner linken Hand und in den Widderköpfen. Vier von ihnen sehen Sie am mächtigen Thron, welcher die reale, materielle Welt symbolisiert. Die Köpfe stehen für die vier Elemente Feuer, Wasser, Luft und Erde, zwischen denen der Herrscher richtiggehend »eingebaut«, eingezwängt ist. In ihrem Bannkreis befindet er sich in jeder Sekunde seines Lebens; gegen sie, gegen ihre Zwänge muß er sich immer wieder aufs neue behaupten. Bildlich gesprochen muß er ständig versuchen, das kleine »Widderlein« auf der Spitze seiner Krone hochzuhalten, *über* die dominierenden Widderköpfe der Elemente zu erheben. (Erfahrene Leser erkennen das Symbol des Pentagrammes, wobei die vier Ecken mit den vier Elementen und die Spitze mit dem kleinen Widder als Zeichen für Geist oder Äther besetzt sind.)

Bitte betrachten Sie den Herrscher in Ruhe und spüren Sie diese unheimlich schwere Aufgabe, die sich jedem von uns ständig stellt. Die Krone scheint den Herrscher schier niederzudrücken! Natürlich verfügt er über vielfältige Möglichkeiten, zum Beispiel über den Schutzschild seines Verstandes (er zeigt sich in der blau schimmernden Rüstung) und über die Kraft der Liebe und seiner Gefühle (beides symbolisiert durch das Rot des Gewandes). »Beherrschend« sind für ihn jedoch nicht Denken, Meinen, Fühlen, Glauben, sondern die Bewältigung seiner Aufgaben: Stärke zeigen, stark bleiben; für Ruhe und Ordnung, für Sicherheit und Beständigkeit sorgen.

Der Herrscher regiert nicht mit dem Schwert, sondern mit dem ägyptischen Henkelkreuz, der *Crux Ansata*. Sie stellt wiederum eine Vereinigung von Gegensätzen (Stab und Kreis) dar, ist jedoch vor allem ein Symbol für das Leben, wie es war, ist und sein wird. Dieses Kreuz weist auch auf die riesige Verantwortung hin, welche der Herrscher übernommen hat und tragen muß, will er nicht ein völliges Scheitern des von ihm Erschaffenen herbeiführen. Er kann eben nicht einfach sagen: Mir reichts, ich mag nicht mehr, ich steige aus, ohne mich. Damit würde er riskieren, daß in das entstandene »Loch«, das er hinterläßt, sofort all das Unbekannte, Schroffe, Neue, möglicherweise Gefährliche einbricht, das jetzt noch hinter dem trennenden Fluß in weiter Ferne liegt, das noch ferngehalten, noch gebändigt ist. Stärke ohne Bereitschaft zur Verantwortung ist in Wahrheit Schwäche.

Schlüsselsätze: Ich bin stark. Ich kenne meine Stärke, weiß sie einzuschätzen und bin bereit, sie zu nutzen. Ich habe Durchsetzungsvermögen, besitze Autorität. Ich weiß, daß ich zerstören und erhalten kann. Ich kenne und übernehme meine Verantwortung, ruhe fest und habe mein Leben im Griff.

Divinatorische Bedeutung: Stärke, Macht, Ansehen. Festgefügt sein, mit beiden Beinen im Boden wurzeln, das Heft fest in der Hand halten. Ein Mensch oder eine Partnerschaft, die durch diese Karte charakterisiert sind, zeugen von schier unerschütterlicher Stabilität und der Fähigkeit, sich gegen große Herausforderungen und Störungen erfolgreich zu behaupten. Die Pflicht, sich zur Verantwortung gegenüber sich selbst und seinen Mitmenschen zu bekennen, sowie die Fähigkeit, diese auch zu tragen. Sicherheit, Ordnung, relative Ruhe; die Notwendigkeit, Gefühle, eigene Wünsche und Hoffnungen den Zwängen der Realität unterzuordnen, der Pflicht zur Verantwortung für die Umwelt. Die Fähigkeit, zu erhalten oder zu zerstören. Irdische, materielle Errungenschaften; Erfolg, den es freilich in aller Stärke zu sichern gilt; große Zwänge, große Verantwortung, große Stärke.

Tip 1: Diese Karte zeigt sich oftmals, wenn Menschen zweifeln und zu verzagen beginnen an dem, was sie sich vorgenommen haben. Der Rat des Tarot lautet dann: Sie werden Erfolg haben, müssen sich aber mit jeder Faser den Herausforderungen stellen, dürfen eben nicht verzagen, sondern müssen *stark* bleiben, konsequent fortfahren in dem, was Sie als richtig erkannt haben. Also, *Kopf hoch!*

Tip 2: Bitte beachten Sie, daß diese Karte durchaus negative Aspekte hat, nämlich andere beherrschen, Macht mißbrauchen, ein Tyrann sein und so weiter. In Ihrer Partnerschaft können Sie dieser Gefahr nur dadurch begegnen, daß Sie Verantwortlichkeit »leben« und Ihre Verantwortung bis ins letzte tragen, auch wenn Sie vielleicht auf Liebgewordenes verzichten müssen.

V Der Hierophant

Ich vereine

Der Hierophant ist in der Tradition ein Vorsteher der Mysterien, einer, der »heilige Dinge erklärt«. Er ist kein Kirchenfürst, wenngleich er gelegentlich – fälschlich – als Papst bezeichnet wird.

In diesem großen Arkanum geht es um eine tiefe, fest im Inneren des Menschen verankerte geistige Erkenntnis, die sich folgendermaßen formulieren läßt:

Für den Weg des Menschen in seinem Leben und von einer geistigen Stufe weiter zur nächsten genügt es *nicht*, zu wollen (Magier), verstandesmäßig zu analysieren und zu erkennen (Hohepriesterin), zu fühlen (Herrscherin) und Stärke zu zeigen (Herrscher). Gefordert sind außerdem der Wille und die Fähigkeit, Gegensätzliches *vollendet* zu vereinen, auszugleichen, zu harmonisieren; aus Verschiedenem also *ein Neues* zu schaffen.

Sie sehen, daß aus den scharf in Schwarz und Weiß getrennten Säulen der Hohepriesterin im Arkanum des Hierophanten Säulen entstanden sind, die beide die gleiche Farbe tragen (Grau) und Teil des *einen Neuen* sind. Die Säulen sind nicht mehr starr, sie scheinen zu fließen, sind Teil des Kreislaufes von Geben und Nehmen. Ihre Kapitelle mit Eichelmuster weisen auf die ungeheure Kraft hin, die diesem Kreislauf innewohnt, die er zu spenden vermag, denn zu all dem Wollen, Erkennen, Fühlen und Beherrschen gesellt sich jetzt die *Güte*, das innere *Verstehen*, die Fähigkeit, zu verzeihen, die Bereitschaft, sich zu entschuldigen. Der Hierophant ist im tiefsten Innern seines Wesens *freundlich* zu sich, zu seinen Mitmenschen und zur Welt. Er ist bereit zu *persönlichen Opfern*. Dies ist die alles entscheidende *Grundvoraussetzung*, um Gegensätze derart vollendet zu harmonisieren, wie der Hierophant es vermag. Symbol für den Willen, Opfer auf sich zu nehmen, ist das Kalvarienkreuz auf seinem Brustband, dessen Querbalken hoch angesetzt und kürzer ist als der Längsbalken. Dieses Zeichen ist uns aus der christlichen Symbolik wohlbekannt.

Leser, die sich in der Esoterik bereits etwas auskennen, werden bei diesem Arkanum sicherlich sofort an das Gesetz der Dreiheit denken, nach dem sich zwei Kräfte zusammen mit einer dritten (hier dem Hierophanten) zu einem »Kräftedreieck« verbinden, das eine eigenständige vierte Kraft darstellt, die dann einer höheren Erkenntnisebene zugehörig ist. Das Dreieck erweitert sich zu einem Viereck. Als Zeichen dafür sehen Sie auf Tarotkarten oft folgendes Symbol:

Zwei Menschen stehen oder knien vor dem Hierophanten. Es sind die beiden ursprünglichen Kräfte, gekennzeichnet durch das Rot der Rose und das Weiß der Lilie (beides kennen Sie noch vom Magier her). Die Tonsur zeigt, daß die Menschen bereits eine gewisse Stufe der Erkenntnis erlangt haben.

Die beiden gegensätzlichen Kräfte nun fließen über die schwarzweiß karierten Bänder in den Hierophanten (die dritte Kraft), der sie harmonisiert, vereint. Das Dreieck als eigene, harmonische Kraft ist entstanden. Es »erweitert« sich nun über das dreibalkige Kreuz des Hierophanten und geht über die »Säule des Spendens oder des Gebetes« ein in den erwähnten Kreislauf. Über die linke Säule (»Säule des Empfangens oder des Segnens«) fließt die Kraft wieder zurück.

Da Worte die Bildsprache des Tarot nur sehr unvollkommen wiedergeben können, bitte ich Sie, den Kräftefluß in dieser so wichtigen Karte mit Ihren eigenen Augen nachzuzeichnen und mit Ihrem Herzen nachzuspüren. Wenn Sie alles Überflüssige aus der Karte entfernen, werden Sie als Grundstruktur das oben angeführte Zeichen erkennen.

Schlüsselsätze: Ich bin gütig. Ich erkenne, verstehe und vereine gegensätzliche Kräfte. Ich sehe die Wege und zeige sie. Ich bin bereit zu persönlichen Opfern. Ich verzeihe und vereine in Harmonie.

Divinatorische Bedeutung: Güte, tiefes Verstehen, Verständnis für die Hoffnungen und Bedürfnisse des Partners, der Wunsch nach Versöhnung (oder die Notwendigkeit hierzu), Reife, Freundlichkeit, Bereitschaft zu persönlichen Opfern, die Fähigkeit, auch schärfste Gegensätze zu vereinen und dadurch Neues, Schönes, Beglückendes und Fruchtbringendes zu schaffen. Eine Partnerschaft, die durch den Hierophanten gekennzeichnet ist, besticht durch einen vollendeten Ausgleich zwischen Geben und Nehmen, Spenden und Empfangen. Fehlen von Überheblichkeit und Selbstüberschätzung; Demut, Verzeihen, Entschuldigen.

Tip: Unabhängig von der jeweiligen Fragestellung mahnt die Karte, sich mit aller Kraft einzufügen in die Ordnung des Lebens, Wert zu legen auf Harmonie ohne Zwang, auf vollendeten Ausgleich, um so voranzuschreiten zu einer neuen, höheren Stufe.

VI Die Liebenden

Die Liebe

Der Sündenfall liegt lange zurück, das Paradies ist verloren. Für Sie wie für mich, für jeden Menschen gilt es nun, seinen Lebensweg zu gehen – in Liebe.

Während die klassischen Tarotdecks bei dieser Karte oft sehr verschlüsselt sind und meistens »nur« die Liebe zwischen Menschen in den Vordergrund stellen, hat Waite deutlich den Mythos von der Vertreibung des Menschen aus dem Paradies mit eingewoben und damit zusätzliche, im Gehalt überlieferte Elemente dieses großen Arkanums herausgearbeitet. Der Symbolgehalt der Karte VI Die Liebenden umfaßt zwei Hauptaspekte:

1. Die Liebe zwischen zwei Menschen, zwischen Ihnen und Ihren Mitmenschen, zwischen den Menschen schlechthin.
2. Die Karte markiert den *Lebensweg* des Menschen, auf dem wir viele Aufgaben lösen, vielen Herausforderungen und Versuchungen begegnen müssen und den wir optimal, in völligem Einklang mit unserer Umwelt gehen sollten.

Der linke Baum, hinter Eva, ist der Baum der Erkenntnis von Gut und Böse. Er steht für den Weg der Gebote und Verbote, die wir beachten müssen, denn sonst droht uns die »verdiente« Strafe. Für diesen Weg benötigen wir all unsere fünf Sinne. Daher hängen fünf Früchte am Baum, von denen allerdings eine bereits gegessen ist – während des Sündenfalls und nach der Versuchung durch die Schlange.

Der rechte Baum, hinter Adam, repräsentiert den Baum des Lebens, der in engem Zusammenhang steht mit der kosmischen, der göttlichen Schöpfungsordnung. Seine zwölf Blätter symbolisieren den Tierkreis, die Ekliptik, eben gerade diese Ordnung, aus deren paradiesischer Geborgenheit wir uns lösten, um unseren Weg der Gebote und Verbote zu gehen.

Je mehr wir versuchen, die nach wie vor in uns verborgenen Geheimnisse des Lebens, der Welt wiederzuentdecken, sie in uns zu reaktivieren, desto eher finden wir ein Stückchen zurück zum Weg des Baumes des Lebens.

Die strahlende, mächtige Sonne symbolisiert die unerschöpfliche göttliche Kraft und Macht, von der wir Menschen durch zwei Ebenen getrennt sind, nämlich durch den Erzengel Raphael (sein Element ist die Luft, seine Himmelsrichtung der Osten) und durch die schier undurchdringliche Wolkendecke zwischen dem Engel und den beiden Menschen. Lediglich Eva scheint einen kurzen Blick durch die Wolke werfen zu können, doch bis zur Sonne sieht auch sie nicht.

So abwehrend Raphael auf den ersten Blick auch wirken mag (weg, weg, hinaus!), so deutlich wird bei näherem Hinsehen, daß er uns auch Schutz auf unserem Lebensweg gewährt (ebenfalls durch die Armhaltung ausgedrückt).

Dies ist die erste Karte der großen Arkana, auf der Sie nackte Menschen sehen – ein Zeichen, daß es um den Menschen schlechthin geht, nicht um männlich oder weiblich, aktiv oder passiv. Adam und Eva reichen sich die Hände – ein Zeichen des Zusammengehörens, des Verstehens, der Liebe.

Auf Bergen fühlte sich der Mensch schon immer Gott näher als in der Ebene. Der Berg auf dieser Karte hat die Form eines Dreiecks und weist deshalb auf das Gesetz der Dreiheit hin, das Sie beim Hierophanten kennengelernt haben. Auch hier können Sie wiederum das Zeichen ⧋ in reinster Form entdecken. Der Tarot sagt uns also, daß es für den Menschen durchaus einen Weg zurück ins Paradies gibt, doch führt dieser nicht *zurück*, sondern *voran*, von einer Bewußtseinsstufe zur nächsten.

Eine kleine Spielerei, die sich Waite am Rande erlaubt hat: Bitte fahren Sie mit einem Bleistift auf der Karte folgende Linie nach: Vom Berggipfel über den linken Arm Evas, die Krone des linken Baumes, die Hand Raphaels, dann eine nach rechts gebogene Rundung über das Flügelende des Engels hin zu seiner Stirn; dann den gleichen Weg zum Gipfel zurück, nur über den Baum des Lebens und den Arm Adams. So erhalten Sie ein Herz – die Liebe. Die Liebe strömt von Adam hoch über den Baum des Lebens, wird in der Handfläche Raphaels aufgefangen wie in einem Reflektorspiegel, durch Raphael (und das unsichtbar eingezeichnete Herz) verstärkt und strömt anschließend durch die rechte Handfläche des Erzengels hinab zum Baum der Erkenntnis und weiter zu Eva. Erinnert Sie das nicht an die beiden Säulen und die beiden Menschen auf der Karte V Der Hierophant? Sie sehen, es lohnt sich wahrhaftig, mit den Karten des Tarot zu spielen.

Schlüsselsätze: Um mich ist Liebe. Ich selbst gebe Liebe und empfange sie. Leben ist in mir, mein Leben liegt vor mir. Ich habe keine Furcht. Ich erfahre Liebe jeden Tag. Ich bin nicht allein.

Divinatorische Bedeutung: Liebe, Schönheit, Harmonie in zwischenmenschlichen Beziehungen, Einmütigkeit, Romanze, Ehe; harmonische, von gegenseitigem Verstehen geprägte Partnerschaft; tiefe Gefühle zu und von einem anderen Menschen; gefühlsmäßiger Einklang mit dem Partner, den Mitmenschen, der Umwelt (und mit sich selbst!). Die Wechselfälle des Lebens, von denen auch eine solche Partnerschaft nicht verschont bleibt, werden gemeinsam gemeistert. In Liebe und Verständnis den Weg gehen, ohne Zerrissenheit, ohne falsche, unehrliche Gefühle. Es ist eine optimistische Karte, die letztlich Erfolg verheißt, trotz vielleicht mancher Rückschläge. Einmütigkeit, Vertrauen, Zuversicht.

Eine große Bitte: Wenn ein Mensch, der einsam und verzweifelt ist, diese Karte zieht, dann heißt dies nicht: *Ich werde bald heiraten* oder ähnliches, vielleicht einen blonden Mann oder eine brünette Frau. Die Aussage des Tarot lautet vielmehr, daß sich der betreffende Mensch mit aller gefühlsmäßigen Kraft der Liebe *öffnen* soll und muß, um überhaupt wieder die Liebe um ihn herum sehen und empfangen zu können. Das allein ist die Grundvoraussetzung für einen weiteren Lebensweg in Liebe und Freude!

VII Der Wagen

Dynamik

Der Wagen ist imposant. Die Zugtiere sind imposant. Der Mann ist imposant. Alles an dieser Karte bis hin zur Stadt im Hintergrund ist imposant, einfach toll . . ., doch überall lauern Gefahren.

Das Arkanum des Wagens hat viel Ähnlichkeit mit jenem des Magiers, doch auf einer anderen Ebene. Auch hier steht ein junger, kühn dreinblickender Mann im Mittelpunkt, der soeben seine bisherige Welt, die ihm Schutz bot (die Stadt), verlassen, den Fluß der Trennung überschritten hat und sich nun unerschrocken dem Unbekannten, dem aufregend (und möglicherweise gefährlich) Neuen stellt.

Die Räder des Streitwagens sind riesig und gelb, als Zeichen feuriger, niederwälzender Kraft. Den Stab des Magiers finden Sie in der rechten Hand des Lenkers mit den gegensätzlichen Kräften gelber Knauf (Feuer) und blauer Stab (Wasser). Die Lemniskate des Magiers wurde zum achtzackigen Stern, der Krone des Lenkers; der Schlangengürtel entwickelte sich zu dem mit Tierkreissymbolen geschmückten Gurt. Der Magier will seine Werkzeuge gebrauchen, der Wagenlenker will voranstürmen, verlassen, was ihn einengt, will Neuland erreichen. Hierfür bleibt ihm nur eine gewisse Zeit – die Dauer seines Lebens. Als Hinweis auf das Element Zeit erscheinen auf den Schultern des Mannes die Sicheln des zunehmenden und des abnehmenden Mondes. Die Gesichter in den Mondsicheln stellen *Urim* und *Thummim* dar. Als Urim und Thummim wird der Brustschild der Hohepriester bezeichnet, der in manchen Fällen als Orakel diente.

Also, kühn voran – vorausgesetzt freilich, die Zugtiere spielen überhaupt mit. Es handelt sich um Sphinxen, symbolhafte Wesen also, die die vier Elemente Feuer, Luft, Wasser und Erde in sich vereinen. Charakterisiert ist dies durch das Gesicht des Menschen, den Leib des Stieres, die Pranken des Löwen und die Schwingen des Adlers (sie fehlen hier allerdings, aus »technischen« Gründen; angedeutet sind sie durch die Schwingen direkt am Wagen).

Die Sphinxen sitzen im spitzen Winkel zueinander vor dem Wagen. Wenn der Lenker es nicht schafft, die beiden gegensätzlichen Kräfte zu zügeln, sie zu bändigen, sie in eine Richtung zu bringen, kommt der Wagen entweder keinen Millimeter vom Fleck oder er wird von den

Zugtieren zerrissen. Sie sehen, Dynamik in allen Ehren, doch um zu einem Erfolg zu gelangen, reicht reines »Hoppla, jetzt komm ich« bei weitem nicht aus. Es müssen Aufgaben gelöst und gegensätzliche Kräfte in aller Bewußtheit gebändigt werden.

Um beim Voranstürmen nicht vorschnell auf die Nase zu fallen, bedarf es des Schutzes durch den Verstand. Den Schutzschild (denken Sie an die Hohepriesterin) sehen Sie im Brustpanzer des Wagenlenkers. Ein Mensch darf auch trotz aller Pläne, Vorhaben, trotz großer Kühnheit, trotz drängenden Wagemutes nicht versuchen, die Regeln der göttlichen Schöpfungsordnung zu sprengen, ein »Himmelsstürmer« zu werden. Er sollte nicht auf den Schutz dieser Ordnung verzichten, nicht den sie symbolisierenden Baldachin von seinem Wagen reißen, sonst steht er sehr schnell – sprichwörtlich – »im Regen«. Vorsicht und Bedacht tun – Dynamik hin und her – überaus not.

Schlüsselsätze: Ich bin voller Dynamik. Ich sehe meinen Weg und bin bereit, ihn zu gehen. Gegensätzliche Kräfte will, muß und vermag ich zu zügeln. Ich verlasse, was mich einengt. Ich nehme die Herausforderung an, immer wieder, und schreite furchtlos voran.

Divinatorische Bedeutung: Dynamik, Kühnheit, Unerschrockenheit. Verlassen, was beengt; sich Neuem, Unbekanntem stellen; Herausforderungen annehmen – vielleicht nicht immer bedacht; feurig nach vorn stürmen. Aufbruch, Trennung, »Reise« (im weitesten Sinn). Je nach Situation kann die Karte bedeuten: sich lösen aus der Partnerschaft (allein aufbrechen) oder sich zusammen mit dem Partner aus einer einengenden, als unbefriedigend empfundenen Situation lösen (gemeinsam aufbrechen). Dies beinhaltet das Sprengen oder den Verzicht auf bisher Erreichtes oder auf eingefahrene Routine, die in Erstarrung mündete. Furchtlosigkeit, Lebenslust.

Hinweis: Falls Sie noch *vor* dem Zeitpunkt des tatsächlichen Handelns stehen, signalisiert die Karte Unruhe, Fiebern, auf- oder ausbrechen wollen. Entweder führt dies zu der entsprechenden Aktivität (mit welchem Ergebnis auch immer) oder es besteht die Gefahr, daß Sie in Passivität verharren und das »Fiebern« beginnt, Sie selbst und Ihre Umwelt zu zerstören.

Nochmals möchte ich Sie darauf hinweisen, daß Sie in jedem Fall gefordert sind, widerstreitende Kräfte zu bändigen, die Zügel fest in die Hand zu nehmen, gewisse Vorsicht walten zu lassen. Nur dann erreichen Sie ein Ziel, nur dann werden Sie mit Erfolg belohnt.

VIII Gerechtigkeit

Die Entscheidung

An Entscheidungen kommt keiner von uns vorbei. Täglich müssen sie getroffen werden, immer wieder, mögen sie manchmal auch äußerst schmerzlich sein. Ein Manager sagte einmal, er müsse täglich Hunderte von Entscheidungen treffen und hoffe dabei, daß nicht zuviele falsche darunter seien. Manche Menschen neigen dazu, sich vor Entscheidungen zu drücken, sie sozusagen »auszusitzen«. Auch die Frau auf dem Bild der Karte VIII sitzt – fest, in aller Ruhe. Sie nimmt sich ein klein wenig Zeit, um ohne Hetze eine Entscheidung zu treffen – die richtige.

In ihrer rechten Hand trägt sie ein Schwert als Symbol für den Geist des Menschen, der imstande ist, Rechtes von Unrechtem zu trennen und dort abzuschneiden, wo zuviel ist. Diesem Symbol werden Sie noch ausführlich in den kleinen Arkana begegnen. Das Schwert ist übrigens dem Mars zugeordnet. In der linken Hand hält »Frau Gerechtigkeit« eine Waage – der Venus zugehörig – als Zeichen der Harmonie. Doch geht es hier nicht wie beim Hierophanten um eine Harmonie, die durch Güte, Verstehen und persönliche Opfer erreicht wird, sondern um die pure Ausgeglichenheit der Waage. Ziel ist, daß keine Waagschale schwerer ist als die andere, daß also kein Ungleichgewicht herrscht. Vor einer notwendigen Entscheidung ermittelt die Frau durch Wiegen, was zu schwer ist, was zu leicht; was paßt und was stört.

Daher scheinen die beiden Säulen, im Unterschied zu denen im Arkanum des Hierophanten, auch nicht zu fließen, sondern ruhen fest, wenngleich auch sie einheitlich grau gefärbt sind. Die grüne Stola (Grün ist die Farbe der Venus) liegt über dem Gewand, welches die Farbe Rot als Zeichen der Liebe, der Gefühle hat. Das heißt, daß im Prozeß der Entscheidung Gefühle allein nicht ausreichen, um zum richtigen Ergebnis zu gelangen. Verstärkend schaut deshalb zudem der rechte Fuß der Frau unter dem Gewand hervor. Die rechte Körperseite ist ja dem Bewußtsein zugeordnet.

Die drei Zinnen der Krone weisen auf die drei Aufgaben hin, die dieses Arkanum stellt: man muß eine Entscheidung treffen *wollen*, dann muß man sie treffen (unparteiisch, gelassen und ohne äußeren Druck nachzugeben), und schließlich muß man in seinem Innern überprüfen, ob man tatsächlich mit seinem Herzen voll und ganz hinter der getroffenen Entscheidung steht.

Als Symbol dafür, daß die Entscheidung zuletzt in die Tat umgesetzt werden muß, steht das kleine Viereck in der Krone.

Davon, daß es Bereiche gibt, die der Mensch trotz aller Anstrengungen und Entscheidungen nicht erfassen, nicht erkennen, nicht betreten und nicht erreichen kann, zeugt der violette Vorhang hinter der Frau. Violett ist die letzte Farbe im Spektrum, die wir noch wahrnehmen können. Sie symbolisiert deshalb dem Menschen nicht zugängliche Grenzbereiche. Die Stola mit den zwei Bändern sollten Sie deuten als Hinweis auf den alten Spruch: *Audiatur et altera pars* (Gehört werde auch die andere Seite).

Schlüsselsätze: Ich bin gerecht. Ich trenne scharf und wäge genau ab. Ich beherrsche Emotionen und lasse mich nicht verleiten. Unparteiisch, gefestigt, lasse ich mich nicht unter Druck setzen. Ich treffe die richtigen Entscheidungen.

Divinatorische Bedeutung: Gerechtigkeit, Redlichkeit, Verständigkeit, Gleichgewicht; die Fähigkeit oder die Notwendigkeit, möglicherweise sogar der Zwang, eine Entscheidung zu treffen; am Scheideweg stehen, wobei der weitere Weg nicht durch Gefühle, sondern aufgrund fundierter Entscheidungen bestimmt und gewählt werden muß. Als Endergebnis mahnt die Karte VIII oft, eine bereits getroffene Entscheidung nochmals zu überprüfen, abzuwägen und gegebenenfalls zu verwerfen oder zu korrigieren. Sich nicht von Emotionen beherrschen lassen, achtgeben, dem Partner gegenüber gerecht sein, sich nicht unter inneren oder äußeren Druck setzen lassen, sich nicht zu Selbstgerechtigkeit verleiten lassen, einen Moment lang innehalten, trennen und abwägen.

Hinweis: Waite hat aus persönlicher Überzeugung die Reihenfolge der Karten Gerechtigkeit und Kraft vertauscht. So trägt erstere die Nummer XI und letztere die Nummer VIII. Da hierfür nach meiner Ansicht kein Grund vorliegt, der zu rechtfertigen wäre, bitte ich Sie, die Karten auf ihren angestammten Plätzen zu belassen: Gerechtigkeit – Arkanum VIII, Kraft – Arkanum XI.

IX Der Eremit

Die Suche

Ein alter Mann steht allein auf einem kahlen Berggipfel inmitten einer eisig anmutenden Umgebung und blickt hinunter ins ferne Tal. Er trägt einen bodenlangen Mantel, dessen Kapuze seinen Kopf umschließt. In der linken Hand hält er einen hell leuchtenden Stab, in der rechten eine ebenso hell strahlende Laterne.

So einfach läßt sich das große Arkanum des Eremiten beschreiben, und so unendlich viel an Gehalt steckt darin. Der Eremit ist der Narr, der irgendwann beschlossen hat, sein Bündel mit den vier magischen Werkzeugen aufzuschnüren und den Stab der Kraft in die Hand zu nehmen. Der Eremit ist der Magier, der sein Leben anpacken *wollte* und es auch tat. Er ist der Mensch, der sein Leben gestaltete, der Dinge erfand und erschuf, der kühn voranjagte, in Liebe vorwärtsschritt und ein Heim gründete. Er ist ein Mensch, der reif geworden ist an Erfahrungen und der sich jeder Sekunde seines Lebens bewußt ist. Zeichen dafür ist sein langer Bart. Doch nicht nur an Erfahrungen – guten wie schlechten –, sondern auch in seiner ganzen Persönlichkeit ist der Eremit gereift.

In seiner linken Hand, die dem Unbewußten zugeordnet ist, strahlt der Stab des Willens, der feurigen, unbezähmbaren Kraft, der Stab des Wollens und Anpackens. Im Gegensatz zu den Stäben, die als Symbole beim Magier, bei der Herrscherin und beim Wagenlenker der Karte VII auftauchen, weist dieser Stab keine spitzen oder irgendwie gestalteten Enden und Kanten auf. Die Stabspitzen hier sind gerundet, fügen sich ein in den Stab als Ganzes und werden somit zum Zeichen einer vollendeten, ausgeglichenen und harmonischen Kraft, auf die sich der Eremit zurecht stützen, der er jederzeit vertrauen darf, die ihn nicht zerstören wird, die ihn wärmt und nicht verbrennt.

Innere Wärme benötigt der Eremit tatsächlich in seiner momentanen, recht ungemütlich wirkenden Situation. Warum hat er eigentlich die Einsamkeit und Ungemütlichkeit des Berggipfels gewählt? Sie alle kennen die Flut von Zwängen, Herausforderungen, Möglichkeiten, Gefahren, Wegen und Entscheidungen, die im täglichen Leben ständig auf uns niederstürzt. Unruhe, Hast, Lärm, Geschrei, Streß, keine Zeit, ständig in Hast . . .

Der Eremit hat nun beschlossen, sich für eine gewisse Zeit von all dem zurückzuziehen, sich bewußt zu isolieren – auf einem Berggipfel. Einsamkeit und Ruhe bedeutet das, in Ruhe nachdenken, mit sich ins reine kommen und mit der Umwelt, innerlich »rund werden« in Ruhe und Einsamkeit. Mantel und Kapuze halten jeglichen Lärm und alles Geschrei von ihm fern. Er hat Zeit – für sich. Wann hatten Sie das letzte Mal Zeit für sich?

Mit der Lampe beleuchtet er in voller Absicht sein Leben, seine Mitmenschen, die Welt, in der er lebt. Ob er Vergangenes betrachtet oder Zukünftiges, bleibt offen. Vielleicht interessiert ihn beides. Das Licht in der Laterne hat die Form eines Sechsecks, eines Hexagramms.

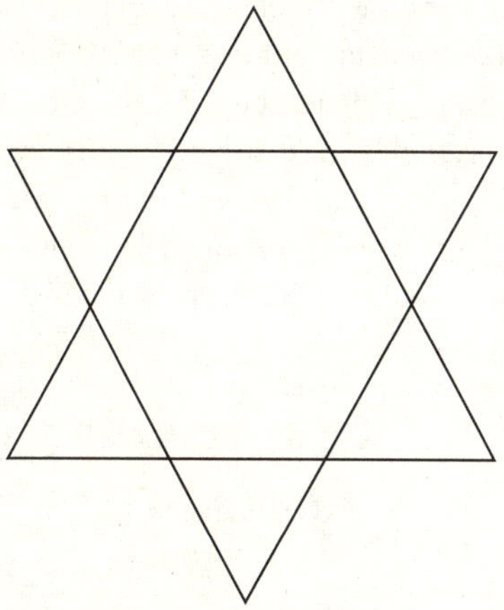

Die Zahl Sechs läßt an die Karte VI der großen Arkana denken, das Geheimnis der Liebe und des Lebensweges. Das Hexagramm selbst kennzeichnet das Gesetz der Analogie: Wie oben, so unten. Auf dem Berggipfel (oben) sucht und findet der Eremit in sich den richtigen Weg durch sein Leben (unten) – aus der Vergangenheit (unteres Dreieck des Hexagrammes) über die Gegenwart (das Hexagramm als Ganzes) und die Zukunft (oberes Dreieck).

Schlüsselsätze: Ich bin mir selbst genug, suche meinen Weg allein und vertraue auf mich. Lärm und Geschrei, Angst und Kälte berühren mich nicht. Ich fühle meine innere Kraft, bin mir meiner geistigen Möglichkeiten bewußt. Streß und Zerrissenheit sperre ich aus, ich bin auf niemanden angewiesen und auf nichts. Ich gehe den Weg meiner Vollendung.

Divinatorische Bedeutung: Sich zurückziehen, Isolation, Verzicht (nicht aus äußerem Zwang, sondern aus innerer Einsicht); allein oder zusammen mit dem Partner Vergangenes kritisch durchleuchten und den richtigen Weg in die Zukunft suchen; sich nicht abhängig machen lassen von Ratschlägen oder Zwängen der Umwelt, der Mitmenschen; auf sich selbst hören, sich selbst genug sein; Verstehen, Wissen, innere Reife; in sich gehen. Wer für sich oder in seiner Partnerschaft die Chance des Eremiten zu nutzen weiß, dem erwächst daraus große Kraft für sein weiteres Leben.

Warnung: Das Arkanum des Eremiten bezeichnet eine Phase von begrenzter Dauer, ein Stadium des *Durchgangs.* Wer nicht rechtzeitig in das Tal, also zu seinen Mitmenschen und den Herausforderungen des Lebens zurückkehrt, droht auf dem Gipfel zu erfrieren, zu erstarren in eisiger Isolation, in dauernder Einsamkeit. Der Eremit ist kein Weg, um sich vor Problemen zu drücken. Im Gegenteil, er stellt gerade die passende Möglichkeit dar, sich für die erforderliche Lösung der Probleme zu wappnen. Nicht »im Stich lassen«, sondern für einen Moment in sich gehen und zu sich finden, ist die Aussage des Eremiten.

X Rad des Schicksals

Die Balance

Vergessen Sie das Wort *Schicksal,* sagen Sie lieber *Rad des Lebens.* Zwar ist das von der Tradition her gesehen nicht richtig, doch paßt es zum Inhalt dieses Arkanums. Der Tarot will Sie ja gerade dahin führen, daß Sie Ihr Leben im Griff haben, es gestalten und nicht bloß sagen: »Was geschieht, ist alles Schicksal.« Das Leben ist ein Rad. Es dreht sich auf und nieder, mal hierhin, mal dorthin; es rast bisweilen, und manchmal gleitet es gemütlich so vor sich hin; ab und zu droht es umzukippen.

Das Rad auf dieser Karte hat acht Speichen. Acht ist die Zahl des Neuwerdens. Links sehen Sie eine Schlange, die versucht, Ihr Lebensrad nach unten zu drehen, zum Schlechten hin. Es ist der ägyptische Gott Typhon, das negative Element, der Zerstörer. Rechts versucht ein Wesen mit menschlichem Leib und Schakalkopf der Schlange entgegenzuwirken, das Rad anzuheben. Das ist Anubis, das Symbol des

Guten, der Aufbauer und Schutzgott der Toten in der altägyptischen Mythologie. Wer kennt diese Situation nicht im Leben – auf und ab, hier zerrt Böses, dort hilft Gutes.

Sie selbst sitzen auf dem Rad, ganz oben, und versuchen die Balance zu halten, ein rasendes Rotieren zu verhindern, die Richtung zu bestimmen. Um dies zu erreichen, müssen Sie laut Tarot die Eigenschaften einer Sphinx in sich aktivieren (vergleiche Karte VII). Sie sind also gefordert, die vier Elemente Feuer, Wasser, Luft und Erde mit all den Kräften, die sie symbolisieren, in sich, in Ihrer Persönlichkeit zu vereinen. Dann müssen Sie diese auf allen Ebenen Ihrer Persönlichkeit (im Denken und Fühlen zum Beispiel) aktivieren. Hier einige Stichworte für den Bereich des Verstandes: *Kreativität* (Element Feuer), *Klarheit des Denkens* (Luft), *Flüssigkeit des Denkens* (Wasser) und *Genauigkeit* (Erde); für den Bereich der Gefühle, also des Herzens: *Wärme* (Feuer), *Weite* (Luft), *Empfindsamkeit* (Wasser), *Standfestigkeit/Treue* (Erde) und für den Willen: *feuriger, zielgerichteter Wille* (Feuer), *Weite* (Luft), *Anpassungsfähigkeit* (Wasser) und *Festigkeit* (Erde).

Danach müssen Sie diese Prinzipien mit Ihrem Innern harmonisieren, in vollendeten Einklang miteinander bringen. Sonst würde nämlich jedes einzelne ein letztlich unkontrollierbares Eigenleben führen. (Bitte blättern Sie zurück zu Karte V, dem Hierophanten.) Diese entscheidende Aufgabe wird symbolisiert durch das Schwert des Geistes, welches die Sphinx trägt.

Die Forderung, »Herr der Elemente« zu werden, greift Waite bei dieser Karte in vielfacher Form bildhaft auf: durch die »vier Tiere« – Engel (Luft), Adler (Wasser), Stier (Erde) und Löwe (Feuer) –, die vier Buchstaben T, A, R und O (Tarot) sowie die hebräischen Zeichen י (Jod), ה (Heh), ו (Vau) und nochmals ה (Heh), die das göttliche Tetragrammaton, den unaussprechbaren Namen Gottes bezeichnen (als Jahve gedeutet). Die alchimistischen Symbole 🜍 (Sulfur, Schwefel), ⊖ (Salz), ☿ (Merkurius, Quecksilber) und die Wellenlinien ≈ als Symbol für die Vereinigung stellen gute Ausgangspunkte für eigene Überlegungen und gedankliche Spiele dar, die helfen, weiter in das Geheimnis vom Rad des Lebens einzudringen. Vergessen Sie dabei jedoch nicht die Hauptaussage: *Sie sind gefordert, die Balance in Ihrem Leben, in Ihrer Partnerschaft zu halten!*

Schlüsselsätze: Mein Leben ist beeinflußt von bösen sowie guten

Kräften. Mein Leben darf kein Karussell sein, kein unkontrolliertes Rotieren, kein Überschlag von zu Gut nach Schlecht. Ich will mein Lebensrad steuern. Ich halte die Balance.

Divinatorische Bedeutung: Gewinn oder Verlust, Auf und Ab, Hin und Her; der Zwang, die Notwendigkeit oder die Fähigkeit (je nach Fragestellung), in Ihrem Leben und Ihrer Partnerschaft die Balance zu halten, die Kontrolle nicht zu verlieren, Richtung und Geschwindigkeit zu steuern; widerstreitende Einflüsse, denen zu begegnen ist.

Hinweis: Wenn Sie diese Karte in bezug auf einen Plan, eine Absicht ziehen, so gibt Ihnen der Tarot über Verlauf oder Ergebnis keine Auskunft. Beides bleibt offen. Sie werden lediglich auf die Notwendigkeit hingewiesen, die Kontrolle nicht zu verlieren (Warnung), oder auf Ihre Fähigkeit, die Kontrolle zu behalten. Es empfiehlt sich also im konkreten Fall, eine weitere Karte zur endgültigen Klärung hinzuzuziehen (etwa aus den kleinen Arkana).

XI Kraft

Innere Kraft

Für mich ist die Karte XI (nach traditioneller Numerierung) eine der schönsten des Tarot. Sie legt Zeugnis ab von der Stärke und den Möglichkeiten, die der Mensch durch seine innere Kraft bei der Bewältigung aller Aufgaben erhält, die sich ihm in der weiten Ebene des Lebens stellen.

Eine zierliche, sehr freundlich aussehende Frau hält einem vor Kraft strotzenden, mächtigen Löwen geradezu spielerisch das gefährliche Maul zu. Der Löwe symbolisiert das Element Feuer, sein Fell leuchtet in marsianischem Rot-Orange. Er steht in diesem Arkanum für all die Kraft, die Zwänge, die Gefahren, auch die Gewalt, für die Masse an Herausforderungen und Aufgaben, für Widrigkeiten und den Zwang zu Verantwortlichkeit, für all jenes also, dem wir im täglichen Leben ohne Unterlaß ausgesetzt sind, dem wir uns stellen, das wir immer wieder bewältigen müssen. In anderen Tarotdecks sieht man die Frau gelegentlich, wie sie das Maul des Löwen aufsperrt, bisweilen reitet sie auf dem Löwen – die Aussage aber ist immer die gleiche.

Im Gegensatz zum Arkanum IV Der Herrscher handelt es sich hier nicht um eine Stärke, die auf Ordnung basiert, auf irdischer Macht, sondern um eine dem Menschen innewohnende, ungeheuer große Kraft, die darauf wartet, entdeckt und genutzt zu werden – immer wieder. Über dem Kopf der Frau sehen Sie die Lemniskate, die liegende Acht, als Symbol für unendliches Neuwerden, unendlichen Neubeginn. Es handelt sich um die unerschöpfliche *Lebenskraft* jedes einzelnen Menschen. Als Zeichen dafür trägt die Frau eine Krone, geflochten aus den Zweigen des Baumes des Lebens.

Wie spielerisch diese Kraft zu wirken vermag, zeigt sich an der Blumengirlande um den Leib der Frau, in die der Löwenkopf eingewoben zu sein scheint. Der Löwe, das Zeichen für Feuer und Stärke, schmiegt sich in ihre bloßen Hände; seine Zunge liebkost sie; sein Schwanz ist eingeklemmt: Der Löwe beugt sich voll und ganz der Lebenskraft der Frau.

Als Kernsatz sollten Sie sich merken: Die Frau verkörpert eine *Kraft voll dynamischer Stärke in ruhender Gelassenheit.* Das weiße Gewand deutet auf die unendlich vielen Möglichkeiten hin, die der Mensch aufgrund seiner inneren Kraft besitzt.

Wenn Sie die Karte XI einen Moment lang auf sich einwirken lassen, fühlen Sie sehr schnell die Ruhe und Stabilität, die dieser Bewußtseinszustand ausstrahlt. Die Kraft, die hier gemeint ist, ist kein kleines Feuerchen, das für Sekunden auflodert und dann wieder verlischt. Wer diese Kraft in sich entdeckt und aktiviert hat und bereit ist, sie zu nutzen, kann darauf vertrauen, daß sie sich immer wieder erneuert, daß sie ihm jederzeit zur Verfügung steht, ihm hilft, ihn schützt, daß sie Rückschlägen und Orkanen erfolgreich trotzt – in allen Fragen des Lebens, in allen Angelegenheiten der Partnerschaft.

Schlüsselsätze: Ich besitze innere Kraft. Sie erneuert sich immer wieder, sie ist ohne Ende. Ich kann zähmen, was unzähmbar erscheint. Ich kenne keine Furcht. Ich bin mir meiner Kraft bewußt, ein Unmöglich gibt es für mich nicht. Ich bändige alle Widerstände, ruhig und gelassen.

Divinatorische Bedeutung: Innere Kraft, die sich zu jeder Zeit und allen Widerständen gegenüber durchzusetzen vermag; Furchtlosigkeit, Mut, Standfestigkeit. Ein Mensch, den diese Karte kennzeichnet, handelt überlegt, unverkrampft, er ist erfolgreich bei der Bewältigung seiner Aufgaben. Gleiches gilt sinngemäß für eine Partnerschaft. Überwinden aller Widerstände ohne Einsatz von Gewalt und brutalen

Kraftakten; große Energie und Entschlossenheit; Überzeugung, Überzeugungskraft; mögliche Gefahren erkennen und sie überwinden; Eifer; Hingabe, die zum Erfolg führt; heiter und offen, geschätzt und anerkannt.

Hinweis: Bitte beachten Sie, daß sich die Karte auf das Hier und Jetzt bezieht, auf das Überwinden der Widerstände in Ihrem Leben, im Rahmen Ihrer direkten Umwelt, auf den meßbaren Erfolg in der materiellen Welt. Sie meint nicht das Anheben Ihrer Partnerschaft auf eine neue Stufe des Bewußtseins, der inneren Qualität. Auf die dennoch vorhandene Notwendigkeit, diese nächste Ebene anzustreben, weist der Berg im Hintergrund des Bildes hin.

XII Der hängende Mann

Die schöpferische Pause

Kopfunter hängt ein Mann an einem Ast. Er ist nicht *aufgehängt* worden, etwa zur Strafe, nein, er hat sich selbst in diese Lage gebracht. In diesem Arkanum geht es nicht um Schmerz, Leid, Strafe, sondern um einen Zustand der aktiven, vom betreffenden Menschen bewußt herbeigeführten Passivität, die ich gern mit dem Begriff »Schöpferische Pause« charakterisiere.

Ein Mensch entzieht sich (für kurze Zeit!) in voller Absicht den ihn umgebenden Zwängen, er gesteht sich eine Art »geistiger Schwerelosigkeit« zu; er nimmt sich das Recht, sich selbst, seine Mitmenschen, den Partner, die Umwelt aus einer anderen Perspektive zu betrachten, sie »von unten anzusehen«. Damit gewinnt er neue Ideen, Eindrücke, er erkennt neue Möglichkeiten, weiß Bisheriges besser einzuschätzen. Eigentlich wirkt er damit im Innersten äußerst schöpferisch, fruchtbar und kreativ, ohne momentan aktiv tätig zu sein.

Die ihm innewohnende Aktivität erkennen Sie an der Aura, dem Strahlenkranz um seinen Kopf. (Die christliche Symbolik spricht vom Heiligenschein.) Die Aura zeigt deutlich, daß das, was der Mann tut, ihn zu einem höheren Bewußtsein, zu neuen Erkenntnissen führt. Außerdem hängt er nicht an einem abgestorbenen Stück Holz, sondern an einem Leben in sich tragenden und hervorbringenden Ast, aus dem grüne Blätter recht üppig hervorsprießen.

Der Mensch als hängender Mann verliert in diesem Zustand des vorübergehenden Innehaltens keine seiner gemachten Erfahrungen und Erkenntnisse und büßt nichts von seiner Willenskraft ein. Das gelbe Haar und die gelben Schuhe weisen auf das anpackende Wollen des Magiers (Karte I) hin, das blaue Wams auf den Verstand der Hohepriesterin (Karte II), die roten Beinkleider auf die fruchtbare Macht der Gefühle der Herrscherin (Karte III). Der Ast selbst trägt das Ocker, die Farbe des Herrschers, der Stärke (Karte IV).

Auch die Haltung des Mannes ist nicht willkürlich gewählt. Verbinden Sie den Scheitel mit den beiden Ellbogen, und Sie erhalten ein Dreieck, dessen Grundlinie die Verbindung zwischen den beiden Ellbogen bildet. Die Spitze zeigt nach unten. Über der Grundlinie zeigt sich ein Kreuz, bestehend aus dem Längsbalken Körper – rechtes Bein und dem Querbalken, gebildet aus dem linken Unterschenkel. Das ergibt das alchimistische Zeichen für Sulfur (Schwefel) 🜍, das dem Feuer zugeordnet ist und feurige Kraft symbolisiert. Allerdings steht das Zeichen auf dem Kopf, das Kraftprinzip ist also momentan nicht aktiviert, es ruht – für einen Augenblick.

Stamm und Ast, an denen der Mann hängt, bilden ein Tau-Kreuz. Tau ist der letzte Buchstabe im hebräischen Alphabet und lautmäßig mit unserem T identisch. Das Tau-Kreuz ist ein Phallussymbol, was Sie erkennen können, wenn Sie die Karte umdrehen. Wenn Sie diese Karte dann betrachten und so die ihr innewohnende ungeheuer große Kraft erkennen, die nach außen, in die Realität drängt, sehen Sie auch die Mahnung, die Ihnen der Tarot mit auf den Weg gibt: Die Pause, mag sie noch so fruchtbare Ergebnisse zeitigen und noch so angenehm sein, darf nicht zu lange dauern. Sie muß zeitlich begrenzt bleiben. Der hängende Mann muß wieder auf den Boden der Realität zurückkehren und mit aller Kraft das verwirklichen, was er hängend erkannt und erfahren hat. Sonst rutscht er irgendwann aus der Schlinge, die ihn am Ast hält, und fällt kraftlos zu Boden.

Wie alt das Symbol des hängenden Mannes ist, wie tief es im Bewußtsein des Menschen wurzelt, merken Sie an einem Gedicht aus der Sagensammlung *Edda,* in dem Gott Odin berichtet, wie er neun Nächte lang kopfunter an einem Baum hing:

Ich weiß, daß ich hing am windigen Baum
neun Nächte lang

Vom Speer verwundet, dem Odin geweiht,
mir selber, ich selbst.

Schlüsselsätze: Ich schaue mir die Welt »von unten« an, ich besinne mich auf mich. Ohne Zwang, ohne Hetze empfange ich neue Ideen und Eindrücke. Ich denke in Ruhe, lasse meinen Gefühlen freien Lauf. Ich zeuge neue Ideen und schöpfe neue Kraft.

Divinatorische Bedeutung: In der Schwebe sein, in der Luft hängen. Übergang, Wandel. Pause (Ruhepause/schöpferische Pause). Nicht aktiv handeln, sondern neue Ideen, neue Eindrücke gewinnen, neue Kraft schöpfen. Neuorientierung. Im extrem schlechten Fall: Apathie, völlige Untätigkeit, sich gehen lassen. Um ein gestecktes Ziel zu erreichen, müssen Sie noch erhebliche Anstrengungen unternehmen. Sich nicht hetzen, nicht zwingen lassen. Besinnung. Das Leben und die Menschen (den Partner) einmal aus einer anderen Perspektive als der üblichen betrachten, um damit Fehler zu korrigieren oder sie zu vermeiden beziehungsweise den künftigen Weg ordnend vorzubereiten.

XIII Tod

Die Transformation

Vielleicht erkennen Sie nun, warum die Zahl 13 als Unglückszahl gilt. Sie ist der Karte Tod zugeordnet, einem Arkanum des Tarot, das immer wieder Schrecken, Bestürzung, Furcht und Hoffnungslosigkeit hervorruft.

Bei näherer Überlegung ist dies jedoch nicht gerechtfertigt. Der Tarot will nicht das Fürchten lehren oder Hoffnungen zerstören, er will Tatsachen zeigen, Wege deuten, Auswege weisen, Hoffnung und Optimismus vermitteln. Der Tod, wie Sie ihn hier sehen, und dies sei in aller Bestimmtheit gesagt, heißt *nicht* physischer Tod. Wer diese Karte zieht, wird *nicht* sterben. Der Tod der Karte XIII bedeutet *Transformation,* das heißt *Veränderung,* Wandlung. Allerdings, und dies muß betont werden, geht es hier nicht um einen allmählichen Wandel, um einen fließenden Übergang, sondern um eine abrupte Änderung, eine Transformation, die plötzlich eintritt, vielleicht unerwartet, die verbunden ist mit Schmerz, mit Leid. Denken Sie an den »Tod einer

Idee«, das »Begraben eines Wunsches«, wodurch der betreffende Mensch möglicherweise wieder einen klaren Blick für das Realisierbare zurückerhält und sich mit neuer Energie an den »machbaren« Aufbau seines Lebens wagen kann, ohne unerfüllbaren Wünschen nachzuhängen. Denken Sie an den »Tod einer Partnerschaft«, der den Weg zu neuen Ufern, zu einer neuen Gestaltung des eigenen Lebens, vielleicht zu einer neuen Partnerschaft ebnen kann. Nicht umsonst trägt der Tod auf der Karte eine (allerdings schwarze) Fahne mit dem Symbol der weißen Rose für Verwandlung, für Wiedergeburt.

Entscheidend ist, daß Sie den Tod akzeptieren als festen, unabänderlichen Bestandteil der Welt und des Lebens und daß Sie gewillt sind, ihn zu überwinden. Sie haben die Wahl: Entweder sinken Sie zu Boden, sind »tot« und bleiben »tot«, oder Sie nutzen die Chance zur Transformation mit aller Kraft, trotz allen Schmerzes, trotz des damit verbundenen Leides.

Der Tod reitet auf einem weißen, recht unsympathischen Pferd mit feurigen Augen. In der Symbolik ist ein weißes Pferd der Träger der kraftvollen Elemente Feuer und Wasser, die nützen wie auch schaden können. Der Tod selbst ist mit seiner schwarzen Rüstung, welche die Dunkelheit kennzeichnet, sehr wirkungsvoll vor Zugriffen geschützt. Ihm kann man nicht entgehen, ihn kann man nicht töten, aber man kann ihn überwinden.

Er sitzt auf einem violetten Sattel, wodurch angedeutet wird, daß der Tod einem Bereich der Schöpfungsordnung zugehört, der dem direkten Einfluß des Menschen entzogen ist. Der Tod ist ein kosmisches Prinzip. Trotzdem gehört er unabdingbar zu unserer Welt, er reitet durch die Ebene unseres Lebens und begegnet *allen* Menschen, ob arm oder reich, ob jung oder alt, ob mächtig oder ohne weltlichen wie geistlichen Einfluß. Auf dem Helm sehen Sie die rote Feder als Symbol für den Stein des Weisen, der in sich die Sonne trägt. Doch zeigt die Feder nach unten und steht nicht, wie beim Narren, keck hoch.

Erstaunlich und beachtenswert bei dieser doch unheilvollen Karte ist der Frieden, den das Bild im Mittel- und Hintergrund ausstrahlt. Während vorn die Menschen zu Boden sinken, gedeihen weiter hinten die Pflanzen, fährt das Schiff unbeeindruckt weiter, gehen die Menschen auf ihm ihren Geschäften nach. Der Tod ist also in seiner Wirkung eingeschränkt. Das »Tal des Todes« ist durch einen breiten Fluß begrenzt, der *Trennung* symbolisiert. Jeder Mensch, sagt der Tarot, hat die Möglichkeit, den Fluß zu durchschwimmen und dann an den Fuß der steilen Bergwand im Hintergrund zu gelangen, die so übermächtig an den Wasserfall im Bild der Herrscherin erinnert. Diese Bergwand, das eigentliche Zeichen für die Transformation, gilt es zu erklimmen: die Wand hinauf, mag es noch so beschwerlich sein; heraus aus der Ebene, in der der Tod reitet; hinauf auf eine neue Ebene, hin zu einer neuen Lebensstatt (gekennzeichnet durch die beiden Türme); weiter einen neuen Weg gehen in Richtung zur Sonne, dem Zeichen göttlicher Kraft.

Schlüsselsätze: Ich akzeptiere den Tod; er ist vor mir, neben mir, hinter mir. Tod ist Transformation, nicht Ende. Tod bereitet den Weg für das Neue, er beendet das Vergangene. Trotz Schmerz und Leid sehe und ersehne ich die Sonne hinter dem Tod. Ich durchschreite und überwinde das Tal des Todes.

Divinatorische Bedeutung: Transformation; abrupte Veränderung, verbunden mit Schmerz und Leid; Tod (jedoch nicht unbedingt physischer Tod!), Freimachen des Weges für Neues, Verlust, Mißlingen; abruptes Ende mit der Chance, zu neuen Ebenen, neuen Möglichkeiten, neuen Wegen, neuen Bestrebungen zu gelangen. Die Karte hat zwei Hauptaussagen: Entweder Sie selbst führen die Transformation des Todes herbei (aus welchen Gründen, in welcher Weise auch immer), oder Sie werden damit konfrontiert, müssen sie »durchleiden« und die Chance zur »Wiedergeburt« nutzen.

Hinweis: Ich möchte die schwarze Bedeutung der Karte Tod weiß Gott nicht herunterspielen. Angesichts des Entsetzens, das dieses Arkanum meistens hervorruft, möchte ich jedoch noch einmal darauf hinweisen, daß sie tatsächlich kein *unwiderrufliches Ende* kennzeichnet, das in dunkle, verzweifelte Hoffnungslosigkeit führt. Bitte bedenken Sie: Diese Karte steht nicht am Ende der großen Arkana des Tarot, sondern mitten im Kreis der Geheimnisse. Inmitten des Lebens gilt es, den Tod zu überwinden und in Richtung eines fruchtbringenden Neubeginns zu gehen.

XIV Mischung

Ich mische

Der zweite der vier Erzengel begegnet Ihnen in dieser Karte. Es ist Michael, der Welt des Lichtes zugehörig, der Geleiter der Toten in das ewige Licht. Seine Himmelsrichtung ist folgerichtig der Süden. Der Strahlenkranz und das Zeichen ⊙ symbolisieren die Sonne.

In seinen Händen hält er zwei Kelche, die durch eine Flüssigkeit miteinander verbunden sind. Bewußt drücke ich mich hier vage aus, denn niemand weiß genau, ob es Wasser oder Wein ist, oder ob die Flüssigkeit Gefühle darstellen soll (der Kelch ist ja das magische Werkzeug der Gefühle). Es ist nicht überliefert oder zu erkennen, ob die Flüssigkeit von oben nach unten oder von unten nach oben fließt. Sicher ist, daß sie fließt und daß kein Tropfen verlorengeht. Konzentriert paßt Michael auf. Er ist geduldig, vorsichtig, handelt voller Bedacht.

Eines ist jedoch klar: Der Erzengel *mischt* – vielleicht warmen Wein mit kaltem Wasser –, um ein bekömmliches Getränk von angenehmer Temperatur zu erhalten. Vielleicht mischt er auch unterschiedliche Gefühle, um so das rechte, passende Gefühl zu erlangen. Michael mischt verschiedene Kräfte, Strömungen, Prinzipien, welcher Art auch immer, um ein ihn befriedigendes »Endprodukt« zu erhalten. *Er sucht das rechte Maß.* Daher heißt die Karte XIV traditionell auch »Mäßigung«. Dieses Wort freilich hat heute einen derart »mäßigen« Beigeschmack, daß es geraten scheint, den Überbegriff durch die Bezeichnung des Vorgangs zu ersetzen, also statt Mäßigung Mischung. Das Wort *Kompromiß* drängt sich geradezu auf.

Die Mischung zeigt sich auch daran, wie beziehungsweise wo Michael steht. Sein rechter Fuß schwebt über dem Wasser, der linke berührt zart den Boden. Die Mischung bezeichnet kein Ziel, sondern einen recht labilen Durchgangszustand, der rechtzeitig beendet werden muß. Anschließend ist der betreffende Mensch gefordert, sich auf die Ergebnisse dieses Mischens stützend, seinen Weg weiterzugehen, den Sie links im Bild erblicken. Das Ziel liegt in weiter Ferne, irgendwo hinter den Bergen, symbolisiert durch ein hell strahlendes Licht als Zeichen all der Wünsche, Hoffnungen, Chancen und Bestrebungen des betreffenden Menschen.

Schlüsselsätze: Ich suche das rechte Maß. Ich mische die Gegensätze, handle voller Bedacht, bin vorsichtig und geduldig. Mein Ziel liegt auf meinem Weg. Ich lasse mich nicht in die Irre führen, sehe und wahre meine Chancen. Ich gehe den richtigen Weg.

Divinatorische Bedeutung: Das rechte Maß finden, Mischung verschiedener Kräfte und Einflüsse; voll Bedacht handeln; sich nicht übereilt, vorschnell für das eine oder das andere entscheiden, diesem oder jenem nachjagen; Vorsicht, Geduld, Kompromiß. Gerade in Fragen der Partnerschaft bedeutet diese Karte die Notwendigkeit oder die Fähigkeit, durch Mischen zum richtigen Ergebnis zu kommen, den richtigen Weg zu gehen. Sich nicht in die Irre führen lassen, Achtsamkeit.

Hinweis: Eine typische Situation, in der diese Karte erscheint, ist dadurch gekennzeichnet, daß ein Mensch aus vollem Herzen irgend etwas will, einen Plan mit voller Energie verfolgt, ein Ziel forsch anstrebt. Er fragt den Tarot nach seinen Erfolgsaussichten, zieht die Karte Mischung – und ist frustriert, enttäuscht. Die meisten meinen nämlich, dies bedeute, das Vorhaben werde sich so lala, einfach mäßig, entwickeln. Doch geht dies an der eigentlichen Bedeutung vorbei. Die Antwort ist: Um den richtigen Weg im Leben weitergehen zu können (um nicht irrezugehen), um zu einem Erfolg zu gelangen, mußt du kurz innehalten und das rechte Maß wiederfinden. Du hast es verloren. Vielleicht willst du zuviel oder zuwenig oder das Falsche. Mische deine Ziele mit den Möglichkeiten; mische die Wünsche deines Partners mit deinen eigenen; mische deine innersten Wünsche mit dem, was du vorgibst zu wünschen. Nur so findest du den richtigen Weg!

XV Der Teufel

Blindheit

Der Teufel ist fürchterlich. Der Teufel ist mächtig. Aber der Teufel ist nicht allmächtig, denn er hat einen Nabel, er ist »geboren« worden, er ist Bestandteil unserer Welt, er »gehört mit dazu«. Er ist kein unantastbares, allumfassendes kosmisches Prinzip wie der Tod. Der Teufel ist unserem Zugriff *nicht* entzogen, wir sind lediglich gefordert, seine Existenz zu erkennen, ihn zu sehen, uns aus seinen Klauen zu lösen. Hier allerdings liegt das Problem, denn der Teufel im Tarot ist gerade durch die *Blindheit* gekennzeichnet, den Zustand des *Nichtsehens, Nichterkennens,* der finsteren Schwärze, die dem Betrachter aus dem Bild übermächtig ins Auge sticht.

Der Teufel begegnet Ihnen in dieser Karte als Erzengel Auriel, der Himmelsrichtung Norden zugeordnet. Zunächst einmal ermahnt Sie der Tarot, den Teufel und alles, was er verkörpert, zu akzeptieren, seine Existenz nicht zu leugnen. Andernfalls würden Sie, symbolisch gesprochen, die Nabelschnur zwischen sich und dem Teufel durchschneiden. Sie würden nie sehen, wo der Teufel in Ihnen und um Sie herum ist. Er würde – wie eine Fledermaus, deren Flügel er trägt – frei und unberechenbar umherschwirren, Sie irgendwo in der Dunkelheit überfallen. Sie könnten dann nur noch hastig und überstürzt reagieren (blind!), nicht mehr überlegt, aus Erkenntnis heraus agieren und ihm wohlüberlegt begegnen.

Der Teufel kennzeichnet eine *Sackgasse* auf dem Lebensweg, im Verhalten des Menschen. Statt Gegensätzliches zu vereinen, spaltet er auf. In der Karte ist dies vielfach dargestellt: Die Brustmuskeln des Teufels sind deutlich voneinander getrennt; er hat einen menschlichen Oberkörper und einen tierischen, behaarten Unterleib; seine rechte Hand ist in zwei mal zwei Finger gespalten, statt eine Einheit aus allen Fingern zu bilden; der Kubus, auf dem sich der Teufel festklammert und der ja im Tarot unsere reale Welt kennzeichnet, ist ebenfalls gespalten – er ist nur ein halber Steinquader.

Sogar die beiden Menschen sind »gespalten«, voneinander getrennt. Während Sie in Karte VI Die Liebenden noch aufeinander zugingen, sich die Hände reichten, sich anschickten, eine Einheit mit sich und der Umwelt zu werden, stehen sie hier, an den Block des Teufels gekettet, einfach gelangweilt da, scheinen sich nur auf sich zu konzentrieren. Keiner erkennt den anderen, keiner will den anderen erkennen in der Dunkelheit des Teufels. Dennoch, sagt der Tarot, verfügen beide auch beim Teufel über Kraft! Als Symbol hierfür stehen ihre kleinen Hörner, deren Spitzen nach oben zeigen, im Gegensatz zu den riesigen Hörnern Auriels, die nach unten gebogen sind.

Auch ist sowohl der Baum der Erkenntnis (bei Eva) als auch der Baum des Lebens (bei Adam) in Rudimenten immer noch zu erkennen. Die beiden Menschen jedoch sehen nicht. Dabei sind die Ketten nur lose über ihre Köpfe gestreift; sie brauchten sie nur im Bewußtsein ihrer vollen Lebenskraft abzulegen. Sogar der Teufel möchte ihnen im

Bild des Rider-Waite-Tarot »Feuer« machen, damit Adam und Eva endlich umkehren, die Sackgasse in Richtung Licht verlassen.

Betrachten Sie die Armhaltung des Teufels; sie erinnert an den Magier der Karte I (das Gesetz der Analogie: Wie oben, so unten). Wenn Sie wollen, »sehen« Sie den Teufel als Magier, der in seinem Wollen irgendwann, warum auch immer, den falschen Weg einschlug und, statt an einem beglückenden Ziel, beim Teufel landete und sich nun selbst zwingen muß, umzukehren, zurückzugehen – nach oben.

Schlüsselsätze: Ich erkenne den Teufel. Er ist mächtig, aber nicht allmächtig. Der Teufel ist normaler Bestandteil meiner Welt. Auch in tiefster Schwärze verliere ich meine Persönlichkeit nicht, bin ich nicht allein, nicht verlassen. Ich versinke nicht in Blindheit, lasse mich nicht haltlos treiben. Ich erkenne die Hoffnung in der Schwärze. Ich überwinde den Teufel aus eigener Kraft.

Divinatorische Bedeutung: Blindheit, Schwärze, Sackgasse, falscher Weg. Wenn eine Partnerschaft durch die Karte Der Teufel charakterisiert ist, heißt dies entweder, daß *in der Partnerschaft* der falsche Weg eingeschlagen wurde oder daß *die Partnerschaft als Ganzes* den falschen Weg genommen hat. Nicht sehen, nicht erkennen, gefesselt sein, blind verhaftet sein (möglicherweise auch in eigenen Wunschvorstellungen, Absichten, Hoffnungen und Träumen), unten sein, zu weit unten; Egoismus, schlechter Einfluß, Boshaftigkeit, Böswilligkeit; den Weg nicht erkennen, sich fesseln lassen; Gegensätze aufspalten, statt sie harmonisch zu vereinen; Finsternis.

Hinweis: Bitte vergessen Sie bei aller Schwärze des Teufels die Hoffnung nicht, das »Licht in der Dunkelheit«. Ihre Lebenskraft, Ihre Dynamik bleibt erhalten; Sie müssen Ihre Kräfte freilich aktivieren und wieder sehen *wollen* und dann zu sehen *beginnen*.

XVI Der Turm

Streben

Der Teufel sagte: »Halt – zu weit unten; nach oben!« Der Turm sagt: »Halt – zu hoch hinaus; nach unten!«

Auf einem Berg, wo sich die Menschen »erhoben« und Gott näher fühlen, haben sich die beiden Menschen der Karte XVI einen Turm gebaut. Daran ist zunächst nichts falsch oder verkehrt. – Türme sind Phallussymbole. Sie stehen für das unermüdliche, dynamische Streben der Menschheit nach Selbstbestätigung und Bestätigung gegenüber den Mitmenschen, nach Erfolg, nach Macht (denken Sie an die modernen Hochhäuser). Die mittelalterlichen Geschlechtertürme der Toskana und in Regensburg sollten allen sichtbares Zeichen steingewordener Macht sein. Türme stehen aber auch als Symbol für das Streben der Menschen nach Sicherheit. Dicke Mauern und feste Türme stehen für Wärme und Geborgenheit. Sie symbolisieren sein glückliches, schützendes Heim.

Was ist daran so schlecht, daß im Großen Arkanum der Karte XVI im wahrsten Sinne des Wortes der Blitz einschlägt, den Turm zerstört, die Bewohner in die Tiefe stürzt? Der Schlüssel zum Verständnis liegt in der goldenen Krone. Ähnlich wie das Licht in der Karte XIV Mischung symbolisiert sie die Möglichkeiten, die Chancen, die Ziele des Menschen. Die beiden Menschen hier haben beim Turmbau einen entscheidenden Fehler begangen, sie haben dem Turm *ihre Krone* aufgesetzt. Sie haben *ihr menschliches Werk,* das, was sie erreicht und geschaffen haben, »gekrönt« als das allein Seligmachende, das *Optimale* schlechthin. Sie sagen: »Nur unsere Ideale, unsere Lebensinhalte, nur das Leben, die Partnerschaft, wie *wir* sie eingerichtet haben, ist das Nonplusultra. Alles andere ist bei weitem unter unserem Niveau, unserem nicht gleichwertig, minderwertig!« Die beiden haben eine eigene kleine Schöpfungsordnung aufgebaut, anstatt mit voller Kraft den Einklang mit der großen, göttlichen Schöpfungsordnung zu suchen.

Darauf reagiert die Welt mit einem Blitz, der die künstliche Krone vom Kopf stößt und die Einrichtung des Turmes (die Ideale, Wünsche, Vorstellungen, Ziele) verbrennen läßt. Die Bewohner des Turmes werden hinabgestürzt. Sie wollten zu hoch hinaus, die ihnen gesetzte göttliche Grenze überschreiten, sie wollten Halbgott sein und werden nun zurechtgestutzt auf das natürliche, das menschliche Maß.

Bemerkenswert sind zwei Dinge: Die Tiefe des Falles ist offen. Beide Menschen können im schlimmsten Fall beim Teufel landen. Dennoch sind sie trotz ihrer fatalen Situation nicht allein gelassen, nicht aus der Welt gestoßen. Das hebräische Jot, der göttliche Funke, begleitet sie (links zählt man zwölf Jots als Hinweis auf die kosmische Ordnung, rechts zehn Jots als Symbole für das Rad des Lebens, das hier gehörig ins Rotieren kommt). Außerdem behalten die Menschen ihre Kleidung, sie verlieren also nicht notwendigerweise alles, was sie bislang erreicht und geschaffen hatten.

Der Turm selbst bleibt vom Blitz verschont, denn dieser »Regulator« zerstört und vernichtet nicht das Streben des Menschen an sich. Die hinabgestoßenen Menschen sollen und müssen sich wieder auf den Weg machen, allerdings auf der Basis neuer Erfahrungen, korrigierter Wertvorstellungen. Dem Menschen wird die Chance zu lernen zugestanden.

Schlüsselsätze: Meinem Streben ist nur eine Grenze gesetzt: Was ich auch tue, was ich auch will, ich bleibe ein Mensch und unterliege den ewigen, göttlichen Gesetzen. Werde ich zurückgeschleudert, verliere ich nicht meine Kraft und werde nicht ausgestoßen. Ich selbst darf meine Ziele wählen, ich muß mir immer Ziele setzen. Meine Ziele sollen maximal, aber nicht vermessen sein. Ich strebe nach meinen Zielen, ohne Furcht, und beachte die Grenze.

Divinatorische Bedeutung: Scheitern, hinabstürzen, hinabgestoßen werden; zu hoch, zu viel, vermessen; Unglück (bitte lesen Sie hierzu den nachfolgenden Hinweis!), Ruin; plötzlicher Zusammenbruch von Idealen, Vorstellungen, Wünschen, Zielen; Selbstüberschätzung; gravierender Rückschlag; Bruch mit der Vergangenheit, der nicht notwendigerweise freiwillig herbeigeführt wird; Verlust von tatsächlicher oder vermeintlicher Sicherheit.

Hinweis 1: Der Begriff »Unglück« wird leider meist mißverstanden. Es handelt sich nicht um einen Schicksalsschlag, der den Menschen, ohne sein eigenes Verschulden und Zutun, trifft »wie ein Blitz aus heiterem Himmel«. Das Unglück, um das es hier geht, hat seinen Ursprung in der Vermessenheit, im Zu-hoch-Hinauswollen des betreffenden Menschen.

Hinweis 2: Gerade die Karte XVI in ihrer recht düsteren Bedeutung für die Betroffenen ist ein gutes Beispiel dafür, wie der Tarot dem Menschen helfen will. Wenn Sie diese Karte als in die Zukunft weisend ziehen, so bedeutet sie nicht: Sie *werden* scheitern, ohne irgend etwas dagegen unternehmen zu können, sondern: *Falls Sie so weitermachen,* ohne Korrektur, ohne Änderung, dann werden Sie scheitern. Verstehen Sie den wichtigen Unterschied? Sie haben die Chance, Ihrem Turm die Krone gar nicht aufzusetzen oder sie rechtzeitig wieder zu entfernen. Dann bleiben Sie vom Unglück verschont.

Von Zeugung und Geburt

Auf einen wichtigen Zusammenhang möchte ich Sie bei den drei folgenden Karten XVII Der Stern, XVIII Der Mond und XIX Die Sonne hinweisen.

Das Arkanum des Sternes steht unter dem Überbegriff *Zeugung*, der Mond ist dem *embryonalen Zustand* zugeordnet, die Sonne schließlich bedeutet *Geburt*. Sie können dies durchaus im Sinne der physischen Fortpflanzung begreifen. Ein Kind wird gezeugt (Stern), im Mutterleib durchläuft es die Entwicklung vom Einzeller bis zum kleinen Menschen (Mond), dann folgt die Geburt (Sonne).

Auch im geistigen Bereich ist dieser Zyklus zu finden und unterliegt durchaus vergleichbaren Gesetzmäßigkeiten: Ein Mensch formt eine Idee, er »zeugt« eine Idee, einen Plan; als nächstes gestaltet er sie aus, wählt den Weg, die Form. Das Umsetzen in die Realität schließt sich an – die Geburt.

Bezogen auf die Partnerschaft: Der Stern heißt, eine Partnerschaft wird begründet; im Stadium des Mondes suchen beide Partner den gemeinsamen Weg, die Form ihrer Partnerschaft; im Zustand der Sonne haben sie diese gefunden, sie sind an einem Ziel angelangt, das zugleich ein neuer Anfang ist.

Da der Begriff *bauen* (Stein für Stein etwas aufbauen) in dieser Karte eine große Rolle spielt, können Sie sich die Situation am Beispiel eines Hochhausbaus verdeutlichen. Während der Bauarbeiten beweist ein Architekt, daß die Berechnungen falsch waren, daß die Statik nicht stimmt. Der Bauherr hat jetzt zwei Möglichkeiten. Entweder er ändert die Pläne und korrigiert sein Vorhaben oder er baut unverdrossen weiter und geht das Risiko eines baldigen Einsturzes ein. Der Tarot ist in gewissem Sinne Ihr Architekt, der Sie jederzeit unparteiisch auf die Fehler in Ihren persönlichen Berechnungen hinweisen kann und will.

XVII Der Stern

Schöpferische Kraft

Nicht ohne Grund ist die Karte XVII Der Stern eng mit dem Arkanum des hängenden Mannes (Karte XII) verwandt: hier schöpferische Kraft, dort schöpferische Pause. Bei beiden Arkana handelt es sich um einen eher passiven Vorgang, bei dem etwas gezeugt wird, der Mensch schöpferisch wirkt. Während sich der hängende Mann jedoch in einer Art geistiger Schwerelosigkeit allen Zwängen kurzzeitig entzieht, die Welt von unten, aus einer anderen Perspektive betrachtet und hierdurch neue Ideen zeugt, steht die nackte Frau der Karte »richtig« in der Welt.

Auch sie läßt sich nicht zwingen, allerdings ist ihr Verhalten weniger in ihr Inneres, sondern mehr nach außen, in die Welt hinaus gerichtet. Sie wirkt schöpferisch und zeugt Neues durch zwei Vorgänge zur gleichen Zeit: erstens durch Spielen, durch spielerisches Wirken, wie wir es von Menschen und auch von Tieren kennen. Dadurch werden Erfahrungen gesammelt, Erkenntnisse gewonnen, Neues entdeckt. Diesen Vorgang stellt der Tarot bildlich durch das Gießen von Wasser aus dem linken Krug in den kleinen Teich dar. Wasser zu Wasser. Diese spielerische Kreativität zieht, wie Sie auf der Karte sehen, viele Kreise. Sie ist nicht unnütz, vergebens, sondern birgt in sich große Fruchtbarkeit.

Den zweiten schöpferischen Akt kennzeichnet der Tarot durch das Fließen von Wasser aus dem rechten Krug auf die Erde. Wasser zu Erde, das heißt *Fruchtbarkeit* mit sichtbarem Ergebnis in der realen, materiellen Welt. Denken Sie an die Wüste nach einem Regenguß. Hierdurch bewirkt der Mensch den Beginn des *Wachsens*, wobei über den Verlauf oder das Ergebnis des Wachstums nichts gesagt ist. Dieser Vorgang läßt sich gut bezeichnen mit dem Begriff *Arbeit*.

Das Spiel enthält etwa das Ausmalen der Möglichkeiten einer Partnerschaft, das Durchspielen verschiedener Varianten, Chancen und Aussichten. Die Arbeit meint das tatsächliche Begründen der Partnerschaft in der Realität, mit allen Chancen und Konsequenzen.

Zwischen Spiel und Arbeit gilt es das rechte Verhältnis zu finden. Die Frau widmet ihre Aufmerksamkeit dem Prozeß Wasser zu Wasser. Hier gewinnt sie in erster Linie neue Ideen, wenngleich der Zustand des Spielens nicht als Basis für das Gestalten des Lebens an sich taugt. Der entsprechende Fuß schwebt über dem Wasser. Der linke Unterschenkel hingegen (Wasser zu Erde) ruht fest auf dem Boden der materiellen Welt. Die Arbeit im übertragenen Sinne wird demnächst Ergebnisse zeitigen, wobei der Prozeß des Wachsens eigenen Gesetzmäßigkeiten folgt, die von dem Menschen, der ihn ausgelöst hat, nicht von vornherein in allen Einzelheiten bedacht werden können.

Kurz zusammengefaßt sagt der Tarot in diesem Arkanum: Arbeite *und* spiele, wandle die Arbeit um in Spiel, schöpfe aus dem Spiel eine unendliche Fülle von Ideen, doch *baue* auf die Arbeit.

Der große achtzackige Stern über der Frau erinnert an die Zahl 8 des Neuwerdens und Neubeginnens. Er heißt traditionell »Stern der Magie« und verheißt Optimismus und fruchtbringende Kreativität. Links von ihm sehen Sie vier kleinere weiße Sterne (Symbole der Möglichkeiten), rechts sind es drei. Vier multipliziert mit Sieben ergibt 28, die Zahl des weiblichen Monatszyklus. Die kleinen Sterne heißen »Sterne der Hoffnung«.

Als Symbol des Lebens schlechthin sehen Sie auf der Karte einen Lebensbaum, auf dem ein Ibis sitzt, der heilige Vogel des alten Ägypten. Er gilt als Inkarnation des Gottes Thoth, dessen Buch der Tarot laut Überlieferung ist. Das leuchtend gelbe Haar der Frau »zeugt« von der Kraft, welche diesem großen Geheimnis innewohnt.

Schlüsselsätze: Ich besitze schöpferische Kraft. Ich bin erfüllt von Optimismus und begleitet von Hoffnung. Ich wandle meine Arbeit um in Spiel, im Spiel schöpfe ich neue Ideen. Ich zeuge Neues in mir und durch mich ohne Ende. Meine Wünsche kann ich nach und nach erfüllen. Kein Joch kann mich erdrücken. Ich finde mein Glück.

Divinatorische Bedeutung: Optimismus, Hoffnung, Inspiration; Neues zeugen und begründen – nicht durch Gewalt, sondern durch innere schöpferische Kraft; Zeugung in jeder Hinsicht, Verbindung von Vergangenheit und Gegenwart in Freude und Gelassenheit. Die Karte verheißt günstige Aussichten, den Lohn des Bemühens (»unter einem guten Stern stehen«).

Hinweis: Wenn Sie diese Karte in bezug auf Ihre Partnerschaft oder einen anderen Teil Ihres Lebens ziehen, sollten Sie nie außer acht lassen, daß der Prozeß des Zeugens, Begründens und dann des Wachsens seine Zeit dauert, daß er nach und nach vor sich geht. Nur so geben Sie letzten Endes der Fruchtbarkeit eine Chance, sich zu entfalten.

XVIII Der Mond

Die Wahl

Kaum eine Karte des Tarot ist so vielschichtig, so interessant und bietet so viele Ansatzpunkte für eigene Überlegungen wie das Arkanum des Mondes.

Thema ist hier zunächst der Weg des Menschen schlechthin. Aus dem Wasser (im Vordergrund) kam alles Leben, vor langer Zeit. Der Krebs steht als Symbol für die ersten Lebensformen, die sich aufs feste Land wagten. Der goldene Weg ist der Weg, den Sie gehen müssen, gehen dürfen. Er scheint unendlich weit weg zu führen, hin zu den Bergen in der Ferne, hin zu einem momentan nicht erkennbaren Ziel.

Zwischen zwei Tieren müssen Sie hindurchgehen und sich damit zwei Aufgaben stellen: Sie sind gefordert, Ihre wilde, ungeheuer starke und feurige Energie, die Ihnen als Mensch innewohnt, zu bändigen, sie in fruchtbringende Bahnen zu lenken. Sie dürfen weder sich noch Ihrem Partner oder Ihren Mitmenschen gegenüber ein Wolf sein, wie Sie ihn rechts im Bild erblicken. Auch das andere Extrem, symbolisiert durch den Hund links, sind Sie gefordert zu vermeiden. Sie sollen nicht »hündisch« sein, sich nicht unterwerfen, sich nicht den Willen nehmen lassen.

Die nächste Station des Weges kennzeichnen die beiden Türme als Zeichen für die Welt, in der Sie leben, mit all ihren Versuchungen, Verlockungen, Gefahren und Herausforderungen. Auch Chancen und Möglichkeiten sind selbstverständlich eingeschlossen. Hier gilt es zu bestehen, immer wieder. Sie sollen sich nicht in irgendeinen Turm einschließen, nicht verzagen oder aufgeben, sondern unerschrocken Ihren Lebensweg weitergehen.

Der zweite Hauptaspekt der Karte (und er interessiert uns vor allem) ist die *Wahl des richtigen Weges*. Der Tarot bietet Ihnen drei Möglichkeiten an:

1. Der Weg der Hekate

Hekate ist die Göttin des Schattenreiches, der Gräber, des Dunklen im Menschen, des Triebhaften. Zu ihr gehört der Bereich des sich Fallenlassens, der Depression, des Versinkens und nie mehr Auftauchens. Sie sitzt dort unten im tiefen Wasser und wartet auf ihre Opfer. Zu ihrer Welt gehört der Krebs, der jederzeit auf dem Sprung ist, einen Menschen zu zwicken, ihn hinabzuziehen in die Dunkelheit, in die Verzweiflung. Dieser Weg scheint nicht der richtige zu sein.

2. Der Weg der Selene
Selene ist die Göttin der sanften Weiblichkeit, die liebevolle und sanftmütige Göttin des Mondes, die im Olymp den Göttern stärkenden Nektar reicht. Leider erweist sie diesen Dienst eben nur Göttern. Für die Menschen ist sie nicht nur unerreichbar, sondern auch äußerst unangenehm, denn sie symbolisiert die Welt des Scheins, des Trugs, der Selbsttäuschung, der Illusionen, des Rausches in jeder Form. Es ist gefährlich, ihr nachzujagen. Betrachten Sie Selene auf dem Bild.

3. Der Weg der Diana
Diana ist jene vor Energie und Tatendrang strotzende Göttin der Jagd, die den Menschen sicherlich ebenso nützt wie sie ihnen durch ihre bemerkenswerte Unberechenbarkeit schadet. Sie vereint in sich das männliche und das weibliche Element, allerdings völlig bar jeglicher Harmonisierung – mal so, mal anders, je nach Lust und Laune sozusagen. Ihr ist in dieser Karte die mittlere Ebene mit den Türmen und dem Weg zugeordnet, denn Diana mit all ihren Tücken gehört zu unserer Welt, sie kennzeichnet den Weg, den wir zu gehen aufgefordert sind: erdgebunden, realistisch, mit vielen Gefahren, mit unzähligen Möglichkeiten. Dianas Weg ist, vereinfacht ausgedrückt, der *goldene Mittelweg* zwischen Hekate und Selene – ohne tiefe Verzweiflung und ohne himmelhoch jauchzende Illusionen.

Schlüsselsätze: Ich allein habe die Wahl. Ich lasse mich nicht täuschen. Ich lasse mich nicht erniedrigen. Ich renne keinen blendenden Trugbildern nach. Ich versinke nicht in Verzweiflung. Ich verliere meinen Weg nicht aus den Augen und kapituliere nicht vor dem, was vor mir liegt. Ich gehe unbeeindruckt meinen Weg.

Divinatorische Bedeutung: Sie sind in aller Dringlichkeit gefordert, den richtigen Weg zu wählen. Es besteht die Gefahr, daß Sie sich haltlos tiefer Verzweiflung hingeben oder Illusionen nachjagen (Täuschung – Selbsttäuschung – Täuschung in anderen/durch andere!) oder verzagt und kleinmütig auf Ihrem Weg stehenbleiben, also aufgeben. Unehrlichkeit, Fehler, schlechter Einfluß, in eine Falle geraten, aber dennoch: Durch die richtige Wahl haben Sie die Möglichkeit, unbeschadet weiter voranzukommen.

Hinweis: Hekate, Selene und Diana sind Inkarnationen ein- und derselben Gottheit in der Mythologie. Jeder Mensch trägt jede dieser drei Möglichkeiten in sich. Es gilt, die Wahl zu treffen!

XIX Die Sonne

Das Glück

Über die Sterne der Hoffnung und den tückischen Mond hat sich die strahlende Sonne des Glücks erhoben. Leuchtend scheint sie hinab auf ein kleines, nacktes Kind, dieses ausdrucksstarke Symbol für *Geburt.* Das Sonnenkind lacht, es freut sich aus tiefstem Herzen, weit öffnet es die Arme, um Liebe zu empfangen und Liebe zu spenden. Es wirkt schutzlos und besitzt doch ungeheure Stärke. In seiner linken Hand hält es mühelos eine riesige Fahne in dem kräftigen Rot-Orange, das Sie bereits vom Herrscher her kennen. Die Fahne läßt sich zu einer Lemniskate ergänzen, dem Zeichen ewigen Neuwerdens. Übrigens, es ist die größte Lemniskate auf den Karten des Tarot.

Ohne sichtbare Anstrengung, ohne Hilfsmittel wie Sattel, Steigbügel oder Zügel reitet das Kind auf dem weißen Pferd, dem Träger der Elemente Feuer und Wasser. Im Arkanum der Sonne ist die Bedeutung des Pferdes sogar noch weiter gefaßt: Es symbolisiert alle vier Elemente, Feuer, Wasser, Luft und Erde. Das Kind reitet auf einem Pferd, also ist es Herr der vier Elemente, es hat sie gebändigt, gezähmt, hält sie fest im Griff. Die vier Elemente beugen sich bereitwillig dem Kind, sie akzeptieren es, sie respektieren seine Autorität.

Woher hat das kleine Kind diese ungeheure Kraft? Strenggenommen ist das Sonnenkind der Narr der Karte 0, der irgendwann beschlossen hatte, zum Magier zu werden, sein Leben anzupacken, es zu gestalten, und der dann eine Unzahl von Herausforderungen mit Erfolg bestand, Niederlagen erlitt und sich wieder hochrappelte, Ziele erreichte und neue anstrebte, Bewußtseinsstufen nach und nach erklomm. Nun hat er ein irdisches Hauptziel erreicht: Er hat seine Persönlichkeit mit all ihren Möglichkeiten voll aktiviert; er hat sein Leben gestaltet, eine stabile Form gefunden, jetzt ist er glücklich.

Das Pferd und die rote Feder erinnern an das Arkanum des Todes, wenngleich das Pferd erheblich freundlicher aussieht und die Feder wieder keck nach oben zeigt. Auch das Arkanum der Sonne bezeichnet eine Art von Transformation, doch nicht – wie beim Tod – auf eine neue Ebene, sondern eine Wandlung hinaus in die Welt, die Geburt eben.

Die Fahne erinnert an das Bündel des Narren, das dieser noch fest verschlossen gehalten hatte. Nun ist es geöffnet, sein Inhalt (die vier magischen Werkzeuge) ist vollendet genutzt. Die Sonnenblumen rufen den Garten der Herrscherin ins Gedächtnis und bedeuten: die Form finden, sie erhalten und sichern; auf die mächtige, wärmende und fruchtbare Kraft der Gefühle vertrauen. Die weit geöffneten Arme des Kindes lassen an die Karte Die Liebenden denken. Das Kind ist offen für die Kraft der Liebe.

Selbst die Position des Kindes auf dem Pferderücken hat Symbolcharakter: Denken Sie an den Menschen, der durch die Karte X Rad des Schicksals aufgefordert wurde, Herr der Elemente zu werden und, oben auf dem Rad sitzend, dieses in Balance zu halten, ein Rotieren zu verhindern. Das Kind hat diese Aufgabe bewältigt – in vollendeter Form!

Dennoch weist der Tarot auch hier auf Einschränkungen hin. Es handelt sich um ein Glück in einem gewissen, relativ eng begrenzten *Bereich,* den das Sonnenkind geformt hat, den es sichern und überschauen kann. Die Grenze dieses Bereiches markiert die Mauer. Kein »grenzenloses«, weltumspannendes Glück ist also gemeint, sondern ein »Glück innerhalb eines engen Bereiches«, nämlich der direkten Umwelt. Dies ist, wie Sie sicherlich verstehen, besonders in Fragen der Partnerschaft von Bedeutung.

Die gewellten Sonnenstrahlen *wärmen* innerhalb der Mauer, die spitzen Strahlen *verbrennen* außerhalb des geschützten Bereiches. Nicht ohne Grund ist das Arkanum der Sonne eng verbunden mit dem Begriff *Demut,* der allerdings nicht *katzbuckeln,* sich willenlos unterwerfen meint, sondern Respekt und Achtung haben (und sie auch zeigen) vor den Gesetzmäßigkeiten des Lebens, vor der Welt und nicht zuletzt vor den Mitmenschen, dem Partner. Demut im Glück heißt Glück ohne Reue.

Schlüsselsätze: Über meinem Leben erstrahlt die Sonne. Ich öffne die Arme weit, streife meine Sorgen ab und gebe mich unbeschwert der Freude hin. Ich liebe mein Leben. Negative Kräfte sperre ich aus, ich halte mich fern von dem, was mich versengt. Ich habe Erfolg. Ich sonne mich im Glück.

Divinatorische Bedeutung: Strahlendes Glück, Befriedigung, Leistung, Zufriedenheit, Erfolg, glückliche Beziehungen, Liebe, Hingabe, Freude im Leben. Die Karte weist auf günstige beglückende Aussichten hin, sofern die »Mauer« nicht überstiegen wird, also zum Beispiel tatsächlich Unmögliches angestrebt wird. Das Glück mit anderen teilen, Geburt im weitesten Sinn (aber bitte nicht: »Ich werde ein Kind bekommen!«), Aufrichtigkeit, die Fähigkeit, wirklich das Beste aus dem Leben zu machen, kurz: Sonne des Glücks.

Hinweis: Wenn Sie diese Karte ziehen, zum Beispiel für Ihre Partnerschaft, dürfen Sie sich wirklich von Herzen freuen, wie das Sonnenkind. Obgleich ich normalerweise bestrebt bin, deutlich auf »die andere Seite« der Arkana, also auf mögliche Warnungen und Gefahren hinzuweisen, verstumme ich hier doch fast – zu Recht. Betrachten Sie die Karte und fühlen Sie die überschäumende Freude, das wirklich riesige Glück. Solange Sie nicht »überschnappen«, droht keine Gefahr.

XX Gericht

Rechenschaft

Das Arkanum des Gerichts gehört mit zu den schwierigsten im Tarot. Viele, die diese Karte ziehen, reagieren zunächst mit Bestürzung, ängstigen sich oder wissen nicht, was sie damit anfangen sollen. Die Karte XX meint *kein irdisches Gericht,* etwa: Sie werden sich schon bald vor dem Scheidungsrichter treffen.

Um den Inhalt dieser Karte zu begreifen, ist es nötig, ein wenig vorzublenden, zur Karte XXI Die Welt, dem Ziel unserer Wanderschaft durch die großen Arkana. Hier geht es um Vollendung, um Harmonie in einem sehr umfassenden, ja abstrakten Sinn, der sich nur äußerst schwer auf ein konkretes Problem des täglichen Lebens projizieren läßt.

Die Bewußtseinsstufe, die wir eben, im vorigen Kapitel, betrachtet haben, verheißt *Glück,* das erinnert an *Vollendung* und *Harmonie.* Allerdings ist dies im Sinne des Tarot nicht ganz richtig, denn das Glück der Karte XIX ist auf unser tägliches Leben in der realen, materiellen Welt gerichtet, innerhalb einer eng begrenzenden Mauer, nicht auf ein umfassendes Glück im Sinne der Welt, der göttlichen Schöpfungsordnung. Sie zählen beim Sonnenkind elf spitze Sonnenstrahlen – Arcanum XI Die Kraft, das Bändigen von Widerständen in unserer direkt zugänglichen Ebene des Lebens – sowie zehn gewellte Strahlen – Arcanum X Rad des Lebens. Das Glück der Karte XIX steht, wie Sie ohne Zweifel merken, eine Stufe unter der Vollendung der Karte XXI. Hier gilt es nun für uns Menschen, den Übergang zu schaffen. Diesen eben, den Weg vom irdischen Glück zur Harmonie der Welt, markiert die Karte XX Gericht. So wie die Karte XV Der Teufel die Sackgasse bloßstellte, zeigt das Gericht den *Weg nach oben,* zur nächsten Bewußtseinsstufe, die nicht nur ein Durchgangsstadium ist, sondern das Hauptziel darstellt, das erste von vielen.

Bitte merken Sie sich bei dieser Karte den Begriff *Rechenschaft.* Sie sind gefordert, ehrlich, in aller Aufrichtigkeit Rechenschaft abzulegen gegenüber sich selbst, Ihren Mitmenschen (Ihrem Partner) und der Welt schlechthin mit all ihren Gegensätzlichkeiten.

Menschen stehen in geöffneten Särgen. Der Sarg gilt hier, vergleichbar den Ihnen schon vertrauten Steinblöcken, als Zeichen für unsere materielle Welt. Der Deckel ist geöffnet, die Menschen stehen aufrecht, nackt, sie bauen in diesem Moment nicht mehr auf Macht, Reichtum, auf bisher Erreichtes. All dies liegt im Sarg. Wichtig ist jetzt in erster Linie, Rechenschaft abzulegen gegenüber sich selbst: Was habe ich Gutes getan? Was war falsch? Was war böse? Was war ungerecht? Wer sich dieser Forderung nicht stellt, legt sich – bildlich gesprochen – wieder in den Sarg zurück, klappt den Deckel zu und verharrt weiter in Finsternis, womit durchaus auch der Garten des Sonnenkindes gemeint sein kann. Finsternis trotz strahlenden Glücks, der Weg nach vorn, nach oben ist versperrt.

Der Zwang, Rechenschaft gegenüber den Mitmenschen abzulegen, ist durch die Anzahl der Menschen bezeichnet. Es sind sechs, die Karte VI Die Liebenden. Die Rechenschaft gegenüber der Welt schließlich wird vom Erzengel Gabriel gefordert, dem Engel des Westens, der Auferstehung, der Offenbarung. Er bringt den Menschen die göttliche Botschaft, er *fordert* Rechenschaft, er bläst zum Gericht.

Das Kreuz auf seiner Fahne trägt die Farbe des Herrschers. Es geht um unser irdisches Leben, um die Ordnung, die wir errichtet haben, die wir verkörpern, darum, ob wir Gegensätze vereint oder Vereintes aufgespaltet haben. Gabriel will die Menschen nicht in Grund und Boden schmettern, sie auf ewig und immer verdammen. Die Rechenschaft und unbedingte Aufrichtigkeit fordernden Töne kommen sanft aus seiner Posaune: Sieben Striche, das heißt sieben Töne; eine Oktave, das bedeutet Wohlklang! Bereitwillig fängt die Frau rechts im Bild die Töne auf. Nicht nur Negatives *muß*, auch Positives *darf* berichtet werden.

Viele Menschen reagieren verständlicherweise etwas reserviert, wenn sie diese Karte ziehen: »Was soll ich mit Gabriel, was mit Gericht?« Das erinnere zu sehr an das Jüngste Gericht der Bibel, meinen sie, und das sei etwas für Tote. Bitte schalten Sie doch einen Moment direkt in Ihr Leben. Wie wichtig ist es, heute und morgen und immer wieder, ehrlich und aufrichtig sich selbst und den Mitmenschen gegenüber zu sein, vor allem aber dem Partner gegenüber, mit dem Sie ja ein enges Verhältnis verbindet. Ist es nicht sehr wichtig, über all jenes Rechenschaft abzulegen, was Sie getan oder gedacht haben und was Sie zu tun gedenken? Wie viele Irrtümer, wie viele Trennungen könnten vermieden werden, wenn wir offen wären, Fehler bekennen, den anderen um seine Meinung, seine Einschätzung, sein Urteil fragen würden.

Die Frau rechts auf der Karte bildet ein umgekehrtes L, das Kind in der Mitte ein U, der Mann links ein X. Sie erhalten das lateinische Wort LUX, es heißt übersetzt *Licht*. Hin zum Licht. Wer von uns wollte das nicht?

Schlüsselsätze: Ich stelle mich dem Gericht: Ich lege meine Leistungen offen, ich bekenne meine Fehler. Ich untersuche kritisch meine Leistungen, ich bereue meine Fehler. Ich ziehe nötige Konsequenzen. Ich bekenne mich zur Verantwortung für mein Leben. Ich steuere mein Leben sicher dem Licht entgegen.

Divinatorische Bedeutung: Die Notwendigkeit, ehrlich und aufrichtig Rechenschaft abzulegen gegenüber sich, seinen Mitmenschen und der Welt schlechthin; bekennen, Sühne, Urteil; die Gefahr, mit anderen zu streng »ins Gericht« zu gehen, gegenüber den Mitmenschen herzlos und unfair zu sein. Es ist an der Zeit, zu bereuen und zu vergeben. Sich zur Verantwortung bekennen, Leistungen offenlegen und kritisch untersuchen, Konsequenzen ziehen, sich selbst im weitesten Sinne offenlegen.

Hinweis: Es darf nicht vergessen werden, daß diese Karte auf die reale und in greifbarer Nähe befindliche Chance hinweist, zum guten Ausgang eines Konfliktes, zu einer *Verbesserung mit stabilem Charakter* zu gelangen, allerdings nur dann, wenn die Bereitschaft – und Fähigkeit – zu ehrlicher, aufrichtiger Freundschaft existiert!!

XXI Die Welt

Harmonie und Vollendung

Die Welt – Harmonie – Vollendung

Denken Sie für einen Augenblick über diese drei Begriffe nach, lassen Sie sie auf sich einwirken. Es sind die Schlüsselwörter zum Verstehen dieser Karte.

Ein nackter Mensch tanzt den vollkommenen Tanz der Harmonie, nicht zu vergleichen mit dem ungeordneten, leichten, sprunghaften Tanz des Narren der Karte 0 und dennoch ihm ähnlich. Der Mensch, den Sie hier sehen, ist weder nur Mann noch nur Frau. Er ist beides in einem, er ist der *Androgyn*, das uralte Symbol für die vollendete Überwindung von Polaritäten, von unvereinbar scheinenden Gegensätzen in einem vollendeten, harmonischen Ganzen. Vollendung und Harmonie.

Der Schal (er soll als Zugeständnis an Moralbegriffe früherer Zeiten das männliche Geschlechtsteil verbergen) läßt sich zu einer Lemniskate knüpfen. Doch auch offen zeugt er noch von unendlichem Neuwerden und Neubeginn im Arkanum der Welt. Die Haltung des Androgyns ergibt das alchimistische Zeichen für Sulfur, die belebende, männliche, feurige Kraft 🜍 (die Beine und das Dreieck aus Scheitel, rechter Hand und linker Hand). Sie ist voll aktiviert, nicht mehr – wie im Arkanum des hängenden Mannes – vorübergehend außer Kraft gesetzt.

In seinen Händen hält der Androgyn zwei Stäbe als Symbole für die gegensätzlichen Kräfte. Jederzeit kann er sie zu einem Kreuz fügen, die Kräfte also vereinen, jederzeit kann er das Kreuz wieder lösen, ohne jedoch dadurch – und das ist neu – die Gegensätze für immer aufzuspalten, für immer zu trennen.

Für den harmonischen, eben vollendeten Zusammenhalt sorgt der Lorbeerkranz, welcher den Androgyn umfängt, ihn einbettet in die

Harmonie der Ordnung, der Welt. Der Kranz hat die Form eines Eis, des Welteis. Dieses ist ein altes Symbol für das Chaos, aus dem alles entsteht, das alles in sich birgt (denken Sie an die Urknalltheorie). Zugleich stellt das Ei die vollkommenste und einfachste Form dar, welche die Natur hervorgebracht hat. Das Ei ist nichts und doch alles!

Der Kranz wird aus den Blättern vom Baum des Lebens gebildet. Er ist nicht starr oder tot, sondern lebt und fließt, ist in Bewegung. Er dreht sich, rotiert wie das Rad des Lebens. *Panta rhei,* alles fließt – Vollendung, Harmonie, die Welt – ohne Anfang, ohne Ende.

Die vier Tiere in den Ecken der Karte symbolisieren die vier Elemente (Engel – Luft, Adler – Wasser, Stier – Erde, Löwe – Feuer), deren Kraftströme in das Innere des Welteis fließen und im Nabel des Androgyns münden, dem »Nabel der Welt«.

Das Arkanum XXI drückt also *Vollendung* aus und meint doch nicht *die* Vollendung schlechthin. Wenn Sie die Arkana bislang aufmerksam durchlebt haben (oder dies noch wollen), stellen Sie unschwer fest, daß der Tarot *das* Ziel nicht kennt. Er weist den Weg zu *unendlich* vielen Zielen, die es zu erreichen und zu sichern gilt, um dann wieder neue anzustreben. Von einer Bewußtseinsstufe geht es zur nächsten, immer wieder, ohne Ende.

Gerade am Beispiel der Partnerschaft zeigt sich die volle Bedeutung des Gesagten. Die Partnerschaft, die so vollendet und harmonisch ist, daß auf Ewigkeit keine Veränderung oder Verbesserung erreicht werden *kann,* gibt es nicht. Die Partnerschaft ist harmonisch, vollendet auf einer gewissen Ebene. Falls die Partner aber nicht all ihre innere Kraft aufbieten, um voranzuschreiten, die Partnerschaft »weiter zu leben«, wird sie irgendwann erstarren, einschlafen. Der Kranz hört auf zu fließen, die Blätter welken, das Ei, die Partnerschaft fällt auseinander. Eine Stufe der Vollendung ist möglich, die Vollendung schlechthin nicht.

Innerhalb des Tarot nimmt die Karte XXI eine herausragende Sonderstellung ein. In ihr fließen *alle* anderen Arkana vom Narren bis zum Gericht in einem harmonischen Ganzen zusammen. Lassen Sie alle Karten noch einmal kurz Revue passieren, um so noch tiefer in das Geheimnis der Welt einzudringen:

0 Der Narr: Lebenslust, Freude; »Flitterwochen« im übertragenen Sinn, alle Möglichkeiten besitzen.

I Der Magier: Selbstvertrauen; Wille, das Leben und die Partnerschaft aktiv zu gestalten; anpacken.

II Die Hohepriesterin: Verstand, Klugheit; nachdenken, analysieren und erkennen ohne Gefühlsüberschwang, in aller Nüchternheit.

III Die Herrscherin: Gefühle, Glück, Heim; Friede in der Partnerschaft, Reichtum durch die fruchtbare Kraft der Gefühle.

IV Der Herrscher: Die notwendige Stärke, um in aller Verantwortung, unerschütterlich gemeinsam das Leben meistern zu können.

V Der Hierophant: Güte, Verstehen, Verzeihen, Vereinen; ein gemeinsames Leben schaffen, bereit sein zu Opfern und Kompromissen.

VI Die Liebenden: Sich lieben, sich die Hand reichen; gemeinsam in Harmonie.und Verstehen sowie im Einklang mit der Umwelt durchs Leben gehen.

VII Der Wagen: Dynamik, Unerschrockenheit; gemeinsam Neues wagen (oder allein), nicht in Kleinlichkeit und Routine versinken.

VIII Gerechtigkeit: Der Mut und die Fähigkeit, Entscheidungen zu treffen – gemeinsam oder einer für beide; Ausgewogenheit, Gerechtigkeit.

IX Der Eremit: Die Kraft für eine glückliche Partnerschaft nicht irgendwo anders, sondern in sich und gemeinsam in der Partnerschaft suchen und finden; Verständnis, Wissen, Reife.

X Rad des Schicksals: Dem Auf und Ab im Leben gegensteuern, die Balance halten, »Herr der Elemente« im Leben werden.

XI Kraft: Die innere Kraft, gelassen und gemeinsam allen Widerständen des Lebens zu trotzen und sie erfolgreich zu überwinden.

XII Der hängende Mann: Sich aus Zwängen kurzzeitig lösen; gemeinsam (oder allein) neue Ansatzpunkte, neue Wege, neue Ideen suchen, andere Perspektiven sehen.

XIII Der Tod: Transformation; abrupte Änderung mit Schmerz und Leid verbunden, jedoch auch mit der Hoffnung auf das Erreichen einer neuen Ebene.

XIV Mischung: Mit Bedacht das rechte Maß suchen, Selbstbeherrschung; den gemeinsamen Weg suchen, das Ziel sehen, den richtigen Weg gehen.

XV Der Teufel: Sackgasse, sich nicht mehr erkennen; aneinander vorbeileben, Egoismus, Schwärze, Blindheit – der falsche Weg.

XVI Der Turm: Gemeinsam streben, das Leben gemeinsam aufbauen; Warnung vor Vermessenheit, vor falschen Zielen, verkehrten Idealen, vor Überheblichkeit.

XVII Der Stern: Hoffnung, Optimismus; die Kraft des Wachsens, schöpferische Fruchtbarkeit; sich nicht unterjochen lassen, sondern selbst etwas zustande bringen – in Freude.

XVIII Der Mond: Täuschung, falsche Ideale, Verzweiflung; der Zwang, den richtigen Weg zu wählen, trotz aller Verlockungen und Schmerzen; den inneren Wert der Partnerschaft richtig bemessen.

XIX Die Sonne: Glück innerhalb des gemeinsamen Bereiches, Freude, Zufriedenheit, Widerstände und Sorgen meistern, Autorität, Kraft und Stärke.

XX Gericht: Ehrlich und aufrichtig Rechenschaft ablegen gegenüber sich selbst und dem Partner; mit den Menschen nicht zu hart »ins Gericht gehen«; sich nicht als Richter ohne Fehl und Tadel aufspielen, sondern bekennen.

Wenn Sie all dies im wahren Sinne in sich und Ihre Partnerschaft aufgenommen haben, sind Sie bereit für die Welt der Karte XXI.

Schlüsselsätze: Ich suche meinen Weg und finde meine Vollendung. Ich treffe immer wieder die richtigen Entscheidungen. Ich bin voll unerschütterlicher Dynamik. Ich empfange Liebe und spende Liebe. Ich verzeihe und vereine auch die krassesten Gegensätze. Ich bin stark und unzerstörbar. Mein Verstand ist scharf und klar. Meine Gefühle sind tief und reich. Ich bin das Leben, und ich will leben. Ich vereine die Welt ohne Ende in mir. – Ich bin Harmonie.

Divinatorische Bedeutung: Vollendung; Harmonie, die in sich gefestigt ist, ohne die Partnerschaft zu einer Maske oberflächlichen Glückes erstarren zu lassen; vollkommenes Glück, Verwirklichung, Erfüllung, Sicherheit, Erfolg, Lohn der Bemühungen, Erreichen und Sichern der Ziele.

Hinweis: Wenn Sie diese Karte ziehen, bedeutet sie nicht nur für sich genommen ein strahlendes Ergebnis, sondern ist sogar imstande, eventuell zusätzlich vorhandene, negative Einflüsse abzuschwächen oder aufzuheben. Bitte gefallen Sie sich aber nicht allzusehr im Tanz des Androgyns, beherzigen Sie meine vorherige Ermahnung. Sie selbst beziehungsweise Ihr Partner und Sie sind gefordert, zur rechten Zeit den Weltenkranz zu zerschneiden, ihn zu sprengen und sich mit allen Möglichkeiten, Fähigkeiten und Chancen erneut auf den Weg zu machen – als Narr.

Das Rad des Tarot

Da der Tarot 22 große Arkana umfaßt und 22 die dem Kreis zugeordnete Zahl ist, liegt es nahe, die großen Geheimnisse als Kreis oder »Rad des Lebens«, Rad der Entwicklung darzustellen. Für die divinatorische Arbeit ist diese Betrachtungsweise nicht unbedingt nötig, doch gibt sie einen guten Einblick in das Geheimnis des Tarot.

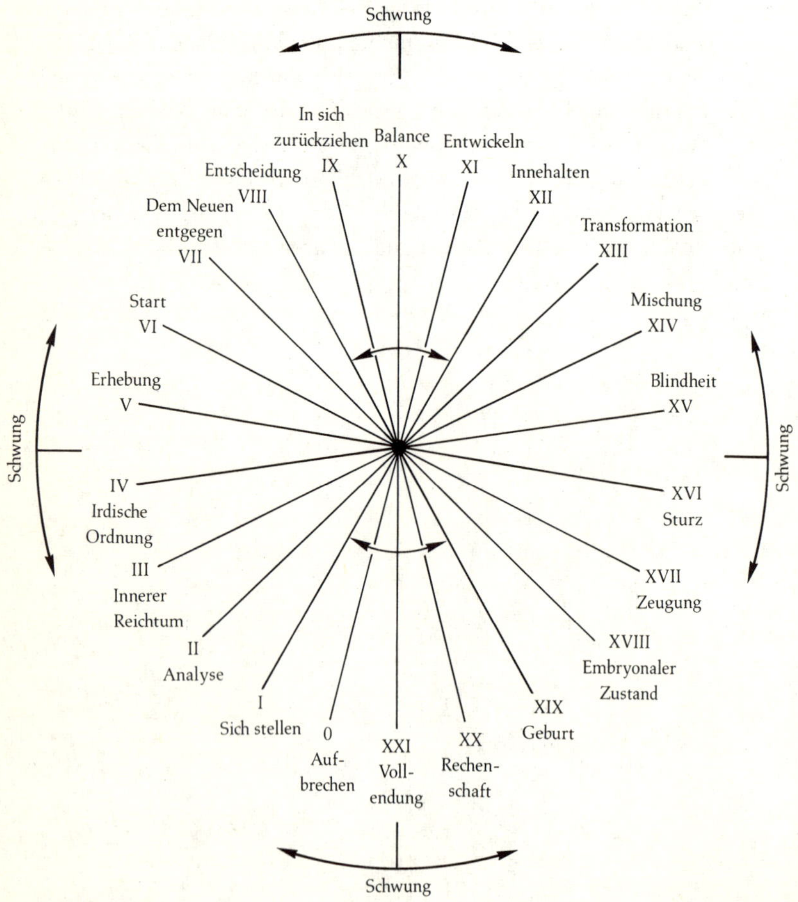

In dem dargestellten Rad gibt es vier »Haltestellen« (T), an denen die Gefahr der Erstarrung droht, und vier »Schwungstellen«, die das Lebensrad wieder in Gang bringen können (die Zahl Acht steht in Beziehung zur Karte VIII, die hier als Entscheidung bezeichnet ist). Besonders interessante Anhaltspunkte für eigene Überlegungen erhalten Sie, wenn Sie die im Rad einander gegenüberliegenden Arkana miteinander in Verbindung bringen, also beispielsweise die Karten X Rad des Schicksals mit XXI Die Welt und IX Der Eremit mit XX Gericht.

Übungen

Ein großer Reiz des Tarot besteht darin, daß er in den großen Arkana viele Inhalte auf vielen Ebenen unter verschiedenen Gesichtspunkten offenlegt und so zu einer Menge neuer, wichtiger Anregungen führt. Auch Ungeübte lernen mit der Zeit, Analogien zu suchen, Zusammenhänge herzustellen und sie zu untersuchen. Wie hängt das Bündel des Narren mit der Fahne des Sonnenkindes zusammen? Ich habe bereits darauf hingewiesen. In welchen Karten finden sich Hinweise auf den Berg, den Bewußtseinszustand des Eremiten? Wie verläuft der Weg von einem Arkanum zum nächsten und zum übernächsten? Der Tarot ist nicht starr, er lebt und fließt.

Übung 1: Denken Sie in Ruhe über den Zusammenhang zwischen folgenden fünf »Ketten« von Arkana nach:

I Der Magier – VI Die Liebenden – XI Kraft – XVI Der Turm
II Die Hohepriesterin – VII Der Wagen – XII Der hängende Mann – XVII Der Stern
III Die Herrscherin – VIII Gerechtigkeit – XIII Tod – XVIII Der Mond
IV Der Herrscher – IX Der Eremit – XIV Mischung – XIX Die Sonne
V Der Hierophant – X Rad des Schicksals – XV Der Teufel – XX Gericht

Folgen Sie der Entwicklung zwischen den derart verbundenen großen Arkana, spüren Sie eventuelle Verwandtschaften zwischen ihnen auf, in verschiedenen Ebenen, unter verschiedenen Gesichtspunkten.

Übung 2: Falls Sie sich ein wenig in die Bilder- und Symbolsprache des Tarot vertiefen möchten, rate ich Ihnen, die Richtigkeit folgender Behauptung zu überprüfen: Im Bild des Narren ist mindestens ein deutlich erkennbares Element von jeder der anderen 21 Karten enthalten. Ein Merkmal des Narren kann auf mehrere andere Karten hinweisen oder mehrere Merkmale auf eine andere Karte. Auch hier gibt es keine Starrheit.

Beispiel: Auf den Eremiten deuten hin: der Stab, neun Sterne auf dem Gewand des Narren, neun Felsspitzen im Hintergrund, das Gebirge (weiß). Auf den Tod deutet die weiße Rose mit dem schwarzen Stil und den schwarzen Blättern hin.

Gleiches gilt übrigens auch für die Karte XXI Die Welt. Hier sind die Zuordnungen jedoch schwerer zu finden, der Verschlüsselungsgrad ist erheblich höher.

Spielen Sie ein wenig, wenn Sie Lust und Freude daran finden. Gerade im Bereich der Partnerschaft lohnt es sich durchaus, »seine« Tarotkarten bestens zu kennen.

Übung 3: Betrachten Sie zu jedem Arkanum jenes große Geheimnis, das mit ihm zusammen XXI Die Welt ergibt, die *Komplementärkarte.* Zum Beispiel: I Der Magier und XX Gericht ist gleich XXI Die Welt, oder X und XI ist gleich XXI. Auch so erhalten Sie neue Ansatzpunkte.

Übung 4: Betrachten Sie zu einem Arkanum jenes andere, das mit ihm zusammen XI Kraft ergibt, also etwa VII Der Wagen und IV Der Herrscher.

Ziel ist es, jene beiden Bewußtseinszustände im Tarot zu erkennen und sich darüber Gedanken zu machen, daß *beide* nötig sind, um im Menschen, in Ihnen also, die volle *innere Kraft* zu aktivieren. Deshalb sehen Sie auf dem Bild der Kraft im Hintergrund *zwei* Lebensbäume, die zu *einem* verschmelzen.

Ein weiteres Beispiel: XVI Der Turm und XVII Der Stern ergeben die Zahl 33. Ziehen Sie davon 22 (die Anzahl der großen Arkana) ab, erhalten Sie XI Kraft. Das *Bauen* der Karte XVI und das *Wachsen* der Karte XVII gehören also unbedingt zusammen, wenn man alle Widerstände im Leben mühelos bändigen will. Das eine ohne das andere bleibt letzten Endes nur Stückwerk.

Die kleinen Arkana

Die kleinen Arkana (insgesamt 56 Karten) gliedern sich in den Satz der Stäbe, den Satz der Kelche, den Satz der Schwerter und den Satz der Münzen. Jeder Satz ist durch eines der vier magischen Werkzeuge gekennzeichnet und gewinnt dadurch seine besondere Bedeutung.

Der Stab steht für Schaffen, Aufbauen, Errichten, den feurigen Willen des Menschen. Sein Motto ist: *Das Feuer des Willens.* Der Kelch steht für unsere Gefühle – wärmend und fruchtbar. Sein Motto lautet: *Die Kraft der Gefühle.* Das Schwert ist ein Symbol für streng zielgerichteten Aufbau, möglicherweise ohne Rücksicht auf Verluste, für Abschreckung, für Zerstörung, aber auch ein Zeichen für den Geist, den Verstand des Menschen. Sein Motto: *Die Gefahren.* Die Münze schließlich steht als Symbol für die materielle Welt, für die Verankerung jedes einzelnen in der realen Umwelt. Das Motto dieses Satzes lautet folgerichtig: *Die Verankerung in der materiellen Welt.*

Jeder Satz besteht aus den sogenannten Hofkarten Bube, Ritter, Königin und König und den Zahlenkarten As, II, III und so weiter bis X.

Die Hofkarten

Betrachten Sie die abgebildeten Hofkarten. Sie können leicht erkennen, was alle Buben, alle Ritter, alle Königinnen und alle Könige gemeinsam haben.

Die Buben sind generell als junge Männer abgebildet, die unerfahren scheinen, ein wenig scheu, vorsichtig, noch unsicher, ganz am Anfang. Wenn ein Mann auf einer Karte auftaucht, bedeutet das in der Bildersprache des Tarot, daß hier das männliche Element vorherrschend ist, das heißt der männlich-aktive Bewußtseinsteil, der in jedem Menschen vorhanden ist, im Gegensatz zum weiblich-passiven. Durch die besondere Darstellung der Buben wird allerdings deutlich gemacht, daß das männliche Element hier noch nicht voll entwickelt

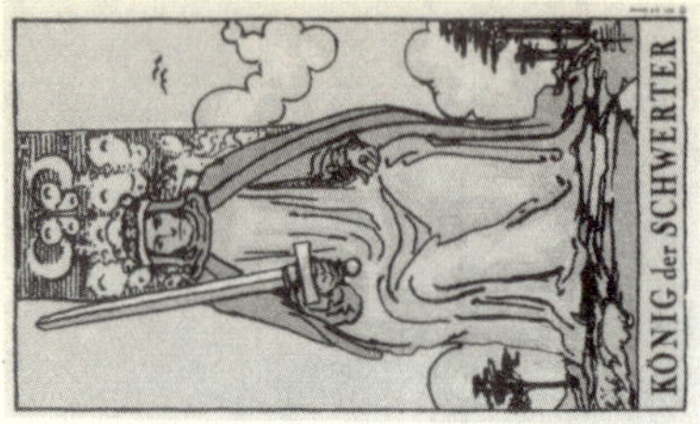

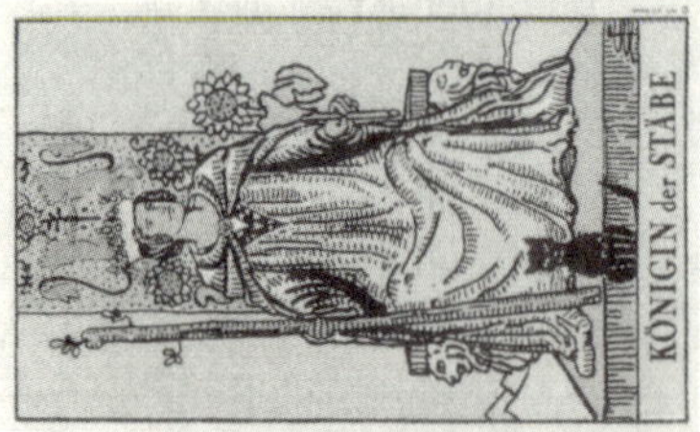

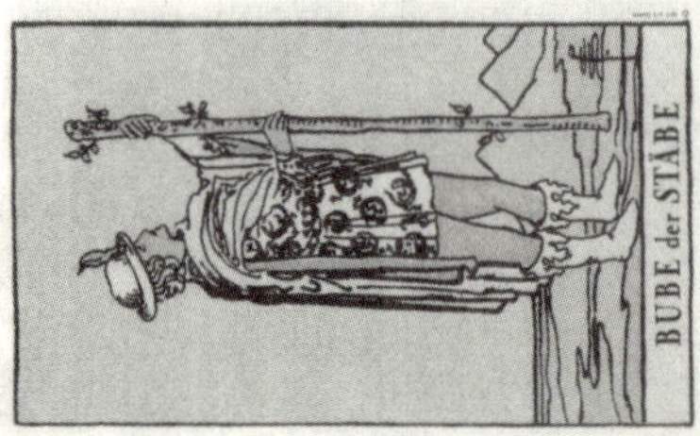

ist; es schlummert noch und wartet darauf, geweckt zu werden. Der Bube weiß noch nicht so recht. Dies erinnert deutlich an das große Arkanum des Narren.

Wie anders hingegen zeigen sich uns die Ritter. Sie sitzen hoch zu Roß und tragen forsch und voll Stolz das jeweilige Symbol ihres Satzes in der Hand. Ein Ritter weiß, was er will und wie er es anpacken möchte. Anpacken, ergreifen und gestalten – das erinnert an das große Arkanum des Magiers. Bitte beachten Sie, wie ausdrucksstark die Rit-

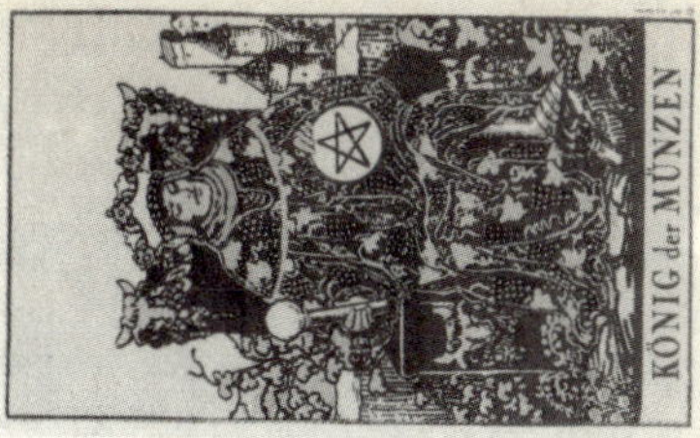

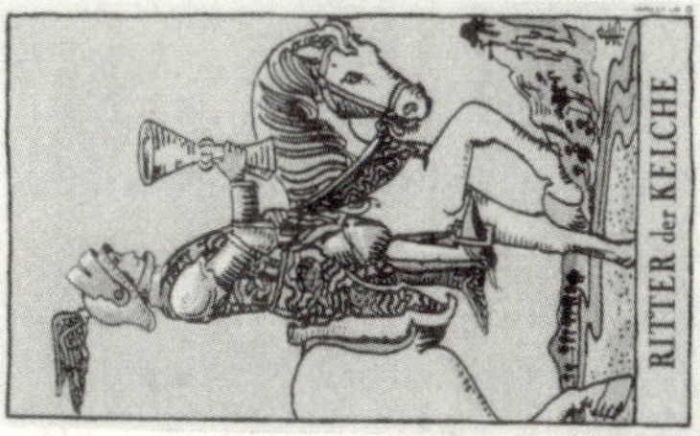

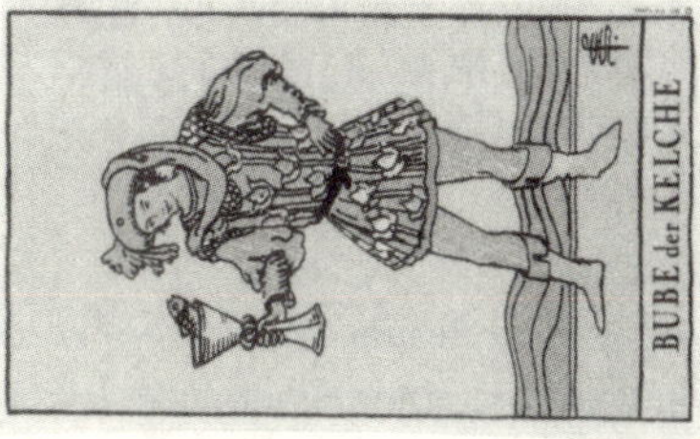

ter im Rider-Waite-Tarot gezeichnet sind. Der Ritter der Stäbe ist feurig und drückt Willensstärke aus, die nach vorn strebt. Der Ritter der Schwerter stürmt seinem Ziel entgegen, auch wenn die Fetzen fliegen. Vielleicht zerstört er, vielleicht verbreitet er Schrecken, vielleicht stellt er sich einer Gefahr. Der Ritter der Kelche reitet sanft voran, sein ganzes Verhalten läßt an eine Liebeswerbung denken, wie es dem Satz der Kelche/Gefühle wohl zukommt. Der Ritter der Münzen steht fest verankert, ruhig und gesichert.

Die Königinnen im Reigen der Hofkarten sehen alle recht gesetzt und zufrieden aus. Ihr Satzsymbol tragen sie in der Hand, und notfalls sind sie bereit, damit auch zuzuschlagen, um Gefahr von sich und ihrer Umwelt abzuwenden. Dies erinnert an das große Arkanum der Herrscherin.

Schließlich die Könige – sicher, fest und stark sitzen sie auf ihren steinernen Thronen und blicken auf ihre Umwelt. Sie halten das Heft in der Hand und sind Verkörperungen von Stärke und Verantwortungsbewußtsein. Damit erinnern sie an das große Arkanum des Herrschers.

Seien Sie nun bitte nicht voreilig, und setzen Sie nicht generell Bube gleich Narr, Ritter gleich Magier, Königin gleich Herrscherin und König gleich Herrscher. Wäre das so einfach, dann wären die Hofkarten überflüssig. Sie kennzeichnen meiner Ansicht nach vielmehr *den Übergang zwischen zwei Bewußtseinszuständen der großen Arkana.* Lassen Sie mich dies ein wenig erläutern.

Wie ich bereits bei den großen Arkana erwähnte, gibt es niemals *den* Zustand der Vollendung, der Harmonie, des absoluten Einklangs. Es gibt *einen* Zustand der Vollendung von momentanem Charakter. Wenn Sie so wollen, handelt es sich dabei um eine Art Etappensieg, *einen Erfolg.* Da alles fließt, in Bewegung ist und nach der Weisheit des Tarot immer in Bewegung bleiben, immer nach vorne drängen muß zu weiteren, höheren Zielen, kann es *den* Zustand der Vollendung eben nie geben. Die Harmonie der Welt (Karte XXI) muß demnach »aufgebrochen«, der eiförmige Lorbeerkranz zerschnitten werden, um nicht für alle Zeit zu erstarren, sondern sich weiterentwickeln zu können, den nächsten, den höheren Zielen entgegen.

Der Narr hat diesen Prozeß des Zerschneidens, des Sich-Lösens vollzogen. Er ist also die Welt, die wieder am Anfang einer neuen Wanderung steht – im Besitz aller Möglichkeiten, voller Lust auf das Leben, auf Erlebnisse, auf Gefahren, auf Erfolge, mit allen Chancen, glücklich zu werden oder zu scheitern.

Der Bube kennzeichnet den Übergang vom Arkanum des Narren zu dem des Magiers. Seine Stichworte lauten: *bewußt werden und ahnen.*

Der Narr trägt sein Bündel an Möglichkeiten noch sorglos mit sich herum. Er schert sich augenblicklich nicht darum, ob es hinauf- oder hinuntergeht, er geht einfach einen Weg, seinen Weg – voller Lebensfreude und Unbekümmertheit.

Der Bube hingegen hat innegehalten und sein Bündel geöffnet; er betrachtet seine Möglichkeiten, denkt darüber nach. Er nimmt sein Werkzeug (das Symbol seines Satzes) in die Hand, schaut es an, prüfend, konzentriert; er ahnt, was damit zu tun sein könnte. Noch ist er scheu, doch nähert er sich mit Riesenschritten dem Bewußtseinszustand des selbstbewußten Magiers, der erfüllt ist vom feurigen Willen, der sein Leben aktiv gestalten *will* und dies auch *verwirklicht.*

Der Ritter kennzeichnet den Übergang vom Arkanum des Magiers zum Arkanum der Hohepriesterin. Seine Stichworte sind: *handeln und erkennen.* Der Magier steht und will etwas tun, die Hohepriesterin sitzt und denkt nach, der Ritter dagegen sitzt auf seinem Pferd und reitet voran (außer in einem Fall).

Im Tarot begegnen wir dem Symbol des Pferdes als kraftvollem Träger der vier Elemente Feuer, Wasser, Luft und Erde vor allem in den Karten XIII Tod und XIX Die Sonne. In den Ritter-Karten finden wir den Menschen widergespiegelt, der nicht mehr nur als Magier etwas will, sondern bereits begonnen hat, dieses Gewollte anzupacken, es zu verwirklichen mit der Kraft der vier Elemente, auf die er in der realen Welt nicht verzichten kann, die er gebrauchen und nutzen muß. Das »Endstadium« des Ritters ist demnach ein Mensch, der bereits etliches geschaffen hat und dabei an Erfahrungen und Wissen erheblich reicher geworden ist. Er hat seinen Verstand geschult, seinen Intellekt wesentlich geschärft. Vielleicht ist er nicht im eigentlichen Sinne dieses Wortes reifer geworden, er ist aber in der Lage, die Dinge mit seinem Verstand zu erkennen. Der Magier hat die Bewußtseinsstufe der Hohepriesterin erreicht; zum Wollen gesellte sich der Verstand.

Die Königin kennzeichnet den Übergang vom Arkanum der Hohepriesterin zur Herrscherin. Ihre Stichworte heißen: *gründen und sichern.*

Sicher verstehen Sie die Bedeutung dieser Hofkarte nun fast von selbst. In der Königin verbindet sich die wärmende, fruchtbare Kraft der Gefühle mit dem reinen Verstand. Nur so ist es uns Menschen möglich, einen Garten, ein glückliches Heim zu gründen (ob privat oder beruflich) und es zu sichern in Fruchtbarkeit, Wärme und Harmonie – das wunderbare Arkanum der Herrscherin.

Der König kennzeichnet den Übergang vom Arkanum der Herrscherin zu dem des Herrschers. Seine Stichworte lauten: *vollenden und erhalten.*

In der Hofkarte des Königs entwickelt der Mensch einen Bewußtseinszustand, der geprägt ist von großer Stärke. Nicht mehr so sehr das Vertrauen auf natürliche Wärme und naturgegebenes Wachstum (wie bei der Herrscherin) steht im Vordergrund, sondern bewußtes Gestalten in voller Absicht. Der Garten wird geordnet, seine Form vollendet. Zu den Gefühlen gesellt sich das Streben nach Überschaubarkeit, das Fernhalten möglicher Gefahren, das Erkennen, die Last und die Kraft großer und in vollem Bewußtsein übernommener Verantwortung gegenüber den Pflichten, den Zwängen des Lebens, der Umwelt, den Mitmenschen. Die Herrscherin wandelte sich zum Herrscher.

Weshalb räumt der Tarot ausgerechnet den Übergängen zwischen den Arkana 0 Narr bis IV Der Herrscher eine derartige Bedeutung ein, daß hierfür eigene Hofkarten entwickelt wurden?

Diese Frage läßt sich nur dann beantworten, wenn Sie die Gliederung der großen Arkana mit einbeziehen. Die 22 Karten – vom Narren bis zur Welt – werden in verschiedene Kapitel unterteilt, die jeweils unter verschiedenen Aspekten zu sehen sind. Abgesehen von der Anfangs- und Endkarte (Der Narr/Die Welt) bilden jeweils fünf Karten ein Kapitel, wobei vier davon den Weg darstellen, die fünfte aber als Spitze des Pentagramms sozusagen die Krönung dieses Weges. Betrachten wir die Kapitel unter dem Aspekt »Der Mensch«:

I der Magier bis IV der Herrscher: *Die Persönlichkeit des Menschen als Einzelwesen*

Der Weg vom Wollen über den Verstand und die Gefühle, das Empfinden bis hin zur Stärke des »vollendeten« Herrschers wird gekrönt durch die reife, versöhnende Kraft des Hierophanten, der in Güte verzeiht und vereint.

VI Die Liebenden bis IX Der Eremit: *Der Weg des Menschen in seiner Welt.*

Hier steht das Rad des Lebens an der Spitze des Pentagramms.

XI Kraft bis XIV Mischung: *Die Bewährungsproben des Menschen.*

An der Spitze des Pentagramms steht die schwierigste Bewährungsprobe für uns alle. Wir müssen die Blindheit des Teufels überwinden. Gelingt dies nicht, kippt das Pentagramm um, seine Spitze zeigt dann nach unten; das bedeutet, daß der Mensch beherrscht wird, anstatt aktiv zu herrschen.

XVI Der Turm bis XIX Die Sonne: *Die Aufgaben und Chancen des Menschen.*

An der Spitze des Pentagramms steht die Karte XX Gericht, die größte Chance, nämlich durch Offenheit und ehrliches Ablegen von Rechenschaft eine höhere Bewußtseinsstufe zu erlangen.

Eine Sonderstellung nehmen die Karten 0 und XXI ein. XXI Die Welt bedeutet Vollendung und Harmonie, 0 Der Narr steht für den Neubeginn.

Ohne Zweifel ist von den genannten Wegen der erste, also die Entwicklung der Persönlichkeit, der wichtigste, bildet er doch die Grundlage für jegliches weitere Vorankommen. Ohne Wille, Verstand, Gefühle und Stärke kann man keiner Herausforderung begegnen, die in den folgenden Karten auftauchen. Daher gibt es die Hofkarten.

Wann befragt man die Hofkarten?

Die Hofkarten geben nicht an, was passiert oder geschieht, sondern welche Qualität dieses Geschehen oder Ihr Vorhaben hat, auf welcher Stufe es einzuordnen ist. Die Stufen entsprechen den Karten Bube, Ritter, Königin und König. Es sind:

1. Die Stufe des Bewußtwerdens und Ahnens (noch vage, ganz am Beginn);
2. die Stufe des Handelns und Erkennens (bereits durchaus konkret, Sie sind auf dem Weg);
3. die des Gründens und Sicherns (Sie haben bereits etwas erreicht, nun kann es wachsen und gedeihen);
4. die des Vollendens und Erhaltens (Sie sind kurz davor, das Ziel zu erreichen, oder haben es bereits erreicht).

Da sich die Hofkarten in diesem Punkt von den anderen Tarotkarten unterscheiden, bitte ich Sie nochmals, sie nicht zusammen mit anderen Karten zu befragen. Fragen, auf die die Hofkarten Antwort geben, sind beispielsweise: »Ich fühle mich in unserer Partnerschaft sehr wohl, weiß jedoch ihre Qualität nicht so recht einzuschätzen. Haben wir alles Erreichbare schon erreicht, oder kommen noch Veränderungen, gelingt uns noch Neues? Sind wir, unabhängig von den Jahren, am Anfang, in der Mitte oder in einer Art Endphase, geprägt von Ruhe ohne Erschütterungen?« Besonderen Aufschluß geben Ihnen die verschiedenen Symbole – Stab, Schwert, Kelch oder Münze.

Die Zahlenkarten

Im großen Arkanum XXI Die Welt fließen alle Arkana des Tarot, alle Geheimnisse des Kosmos und damit auch des Menschen zusammen. Die Welt bedeutet Vollendung, vollendete Harmonie. Ich bin das Leben, und ich will leben. Ich vereine die Welt ohne Ende in mir, ich bin Harmonie. Das sind großartige Worte, deren ganzer Sinn wohl keiner von uns in einem Leben erfassen wird. Die Welt, den Kosmos oder auch »nur« den Menschen zu erfassen, zu verstehen, in sich zu vereinen ist schwer.

Betrachten Sie die vier Symbole in den Ecken der Karte XXI, den *Menschenkopf* (als Symbol für das Element Luft), den *Adler* (Wasser), den *Stier* (Erde), den *Löwen* (Feuer). Stellen Sie sich nun vor, daß ein scharf gebündeltes Licht von oben auf die Karte XXI Die Welt strahlt und jeweils eines dieser vier Symbole nach unten, auf die Ebene unserer realen Welt projiziert.

Aus dem Symbol für das Element *Luft* (dem Kosmos zugehörig) wird dann das Symbol für das Werkzeug des Geistes, das *Schwert* (unserer realen Welt zugehörig). Aus dem Symbol für das Element *Wasser* (Kosmos) wird das Werkzeug *Kelch* (unsere reale Welt). Aus dem Symbol für *Erde* (Kosmos) wird das Werkzeug *Münze* (unsere Welt), aus dem Symbol für *Feuer* schließlich das Werkzeug *Stab*. Zur Veranschaulichung möge die Abbildung auf Seite 115 oben dienen:

Der Tarot hat also die umfassende, übergreifende Sphäre des Kosmischen verlassen und will den Menschen Werkzeuge in die Hand geben, die ihnen direkt und unmittelbar auf ihrem Lebensweg in der realen Welt helfen.

Innerhalb der Zahlenkarten bedeutet das As die Aufforderung des Tarot, das entsprechende Werkzeug in die Hand zu nehmen, sich seiner Möglichkeiten bewußt zu werden, sein Leben zu gestalten. Diese Karte ist dem Magier zugeordnet, in Verbindung mit dem jeweiligen Satzsymbol.

Die Zahlenkarten II bis X entstehen, indem die großen Arkana mit den jeweiligen Symbolen in Verbindung gebracht werden (siehe Abbildung auf Seite 115 unten).

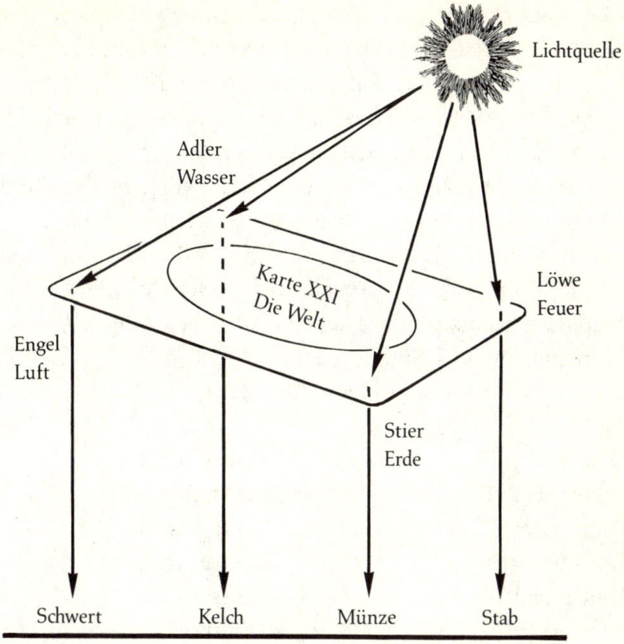
Lichtquelle
Adler
Wasser
Karte XXI
Die Welt
Löwe
Feuer
Engel
Luft
Stier
Erde
Schwert
Kelch
Münze
Stab

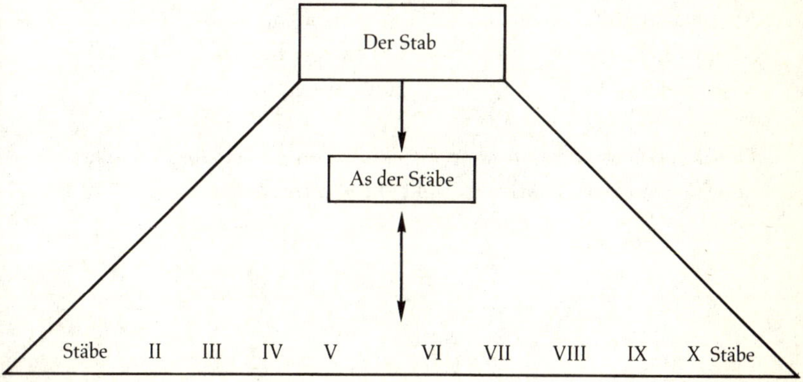
Der Stab
As der Stäbe
Stäbe II III IV V VI VII VIII IX X Stäbe

Um die Bedeutung der Zahlenkarten zu erfassen, bitte ich Sie, nach folgendem Umrechnungsschema vorzugehen.

Der Stab hat den Zahlenwert 1, das Schwert 2, der Kelch 3 und die Münze 4 (denken Sie an I Der Magier bis IV Der Herrscher). Die Karte II Stäbe hat demnach den Zahlenwert II × 1 = II. Das ergibt das große Arkanum II Die Hohepriesterin in Verbindung mit dem Stab. Die Karte IV Kelche hat den Zahlenwert IV × 3 = XII, also das große Arkanum XII Der hängende Mann in Verbindung mit dem Kelch.

Wenn Sie beim Multiplizieren Zahlen erhalten, die über 21 liegen, also beispielsweise IX Münzen (Zahlenwert IX × 4 = 36), dann ziehen Sie einfach die Zahl 22 (Anzahl der großen Arkana) davon ab und erhalten im genannten Beispiel XIV, also die Karte XIV Mischung in Verbindung mit der Münze.

Zu Ihrer Hilfe hier eine kleine Tabelle:

22 entspricht 0	34 entspricht 12
23 entspricht 1	35 entspricht 13
24 entspricht 2	36 entspricht 14
25 entspricht 3	37 entspricht 15
26 entspricht 4	38 entspricht 16
27 entspricht 5	39 entspricht 17
28 entspricht 6	40 entspricht 18
29 entspricht 7	41 entspricht 19
30 entspricht 8	42 entspricht 20
31 entspricht 9	43 entspricht 21
32 entspricht 10	44 entspricht 22 = 0
33 entspricht 11	und so weiter

Den folgenden Tabellen können Sie die den einzelnen Zahlenkarten zugehörigen großen Arkana direkt entnehmen.

Zahlenkarten	Stab	Schwert	Kelch	Münze
II	II Die Hohepriesterin	IV Der Herrscher	VI Die Liebenden	VIII Gerechtigkeit
III	III Die Herrscherin	VI Die Liebenden	IX Der Eremit	XII Der hängende Mann
IV	IV Der Herrscher	VIII Gerechtigkeit	XII Der hängende Mann	XVI Der Turm
V	V Der Hierophant	X Rad des Schicksals	XV Der Teufel	XX Gericht
VI	VI Die Liebenden	XII Der hängende Mann	XVIII Der Mond	II Die Hohepriesterin
VII	VII Der Wagen	XIV Mischung	XXI Die Welt	VI Die Liebenden
VIII	VIII Gerechtigkeit	XVI Der Turm	II Die Hohepriesterin	X Rad des Schicksals
IX	IX Der Eremit	XVIII Der Mond	V Der Hierophant	XIV Mischung
X	X Rad des Schicksals	XX Gericht	VIII Gerechtigkeit	XVIII Der Mond

Das As ist der Karte I Der Magier in Verbindung mit dem jeweiligen Satzsymbol zugeordnet.

Große Arkana	Stab	Schwert	Kelch	Münze
0				
I	X	X	X	X
II	X		X	X
III	X			
IV	X			
V	X		X	
VI	X	X	X	X
VII	X		X	
VIII	X	X	X	X
IX	X		X	
X	X	X		X

Wie Sie sehen, sind nicht alle Positionen besetzt. Einige große Arkana sind überhaupt nicht mit den Werkzeugen Stab, Schwert, Kelch und Münze in Verbindung gesetzt, einige nur mit dem einen oder anderen. Insgesamt existieren 48 Leerstellen, die ich die »verborgenen kleinen Arkana« nenne.

Das System, nach dem ich die kleinen Arkana benutze und das ich Ihnen auf den vorangegangenen Seiten erläutert habe, gibt alle erforderlichen Hilfen für eine befriedigende Deutung der kleinen Arkana. Es beantwortet auch zwei Fragen, auf die ich bisher keine Antwort in der Literatur finden konnte:

1. Warum gibt es überhaupt kleine Arkana neben den großen, die bereits alle Fragen beantworten, die sich dem Menschen stellen?

welchem Satzsymbol in Verbindung?

Große Arkana	Stab	Schwert	Kelch	Münze
XI				
XII		X		X
XIII		X		
XIV		X		X
XV			X	
XVI		X		X
XVII				
XVIII		X	X	X
XIX				
XX		X		X
XXI			X	

2. Warum wird in vielen traditionellen Tarotdecks auf eine bildhafte Ausgestaltung der kleinen Arkana verzichtet? In zahlreichen Tarotdecks tragen die kleinen Arkana nämlich nur das jeweilige Satzsymbol in entsprechender Anzahl und keine Bilder wie beispielsweise im Rider-Waite-Deck.

Wie wir gesehen haben, entstehen die kleinen Arkana durch eine Projektion der Welt, also der Gesamtheit der großen Arkana, auf die Ebene unserer realen Welt. Damit soll uns geholfen werden, direkten Rat und direkte Hilfe zur Lösung unserer täglich anfallenden Probleme zu erhalten. Manchmal ist es schwierig, in kurzer Zeit die entsprechende Antwort auf eine »kleine« Frage von den großen Arkana zu erhalten, da diese unwahrscheinlich komplex, tief und umfassend sind. Die kleinen Arkana stellen also eine große Erleichterung für alle dar, die sie einzusetzen verstehen.

Der Stab, kleine Arkana

Falls Sie zwei Zahlenkarten der kleinen Arkana so miteinander in Verbindung setzen wollen, wie wir das für die großen Arkana getan haben, dann ermitteln Sie bitte die zugehörigen großen Arkana nach dem erläuterten Schema. Dann errechnen Sie die Summe dieser beiden großen Arkana und erhalten so jene Kraft, die aus der Verbindung der beiden ursprünglichen kleinen Arkana entstanden ist.
Bei diesem Vorgehen haben die dem Magier zugeordneten Asse folgende Zahlenwerte:

As der Stäbe: 1 (1 × 1)
As der Schwerter: 2 (1 × 2)
As der Kelche: 3 (1 × 3)
As der Münzen: 4 (1 × 4)

Wenn Sie zum Beispiel IX Münzen (ergibt XIV Mischung in Verbindung mit der Münze) und III Stäbe (ergibt III Herrscherin in Verbindung mit dem Stab) in der angegebenen Weise zu einem Stab verbinden, so erhalten Sie: XVII Der Stern (14 + 3) in Verbindung mit der Münze *und* dem Stab.
Die neue Kraft ist also konfrontiert mit den Prinzipien *beider* Satzsymbole der ursprünglichen zwei Karten!

Da sich die Bedeutung der kleinen Arkana ohne Umwege direkt von jener der großen herleitet, konnte der Tarot mit Fug und Recht auf eigene bildhafte Gestaltung bei Assen und Zahlenkarten verzichten. Es reichte hier völlig aus, lediglich den »Stellenwert« der einzelnen Karten zu markieren. Bitte ziehen Sie bei einer Befragung also unbedingt die Bildersprache der jeweilig zugehörigen großen Arkana zu Rate. Nur so, in Verbindung mit dem jeweiligen Satzsymbol, erhalten Sie die umfassend richtige Antwort.

So sehr ich zum Beispiel die Bilder der kleinen Arkana im Rider-Waite-Tarot schätze und mag: sie sind und bleiben lediglich eine Hilfe, eine schwache Stütze; sie geben oftmals nur Aufschluß über einen Teilaspekt, während sich die gesamte Bedeutung erst durch die Zwiesprache mit dem entsprechenden großen Arkanum entschlüsselt.

Wenn Sie diesen Rat beherzigen, werden Sie viel und hilfreichen Nutzen gerade auch aus den kleinen Arkana ziehen können.

Der Satz der Stäbe

Das Feuer des Willens

Der Stab ist ein herrliches Werkzeug, sein Element ist das Feuer, seine Fruchtbarkeit ist groß. Mag er mitunter auch ganz bescheiden und unauffällig aussehen, so können doch kunstvolle Blätter und prachtvolle Blüten aus ihm sprießen. Aus Stäben kann man ein Haus bauen oder einen riesigen Wald pflanzen. Natürlich kann man mit einem Stab auch einen Menschen erschlagen oder selbst von einem Stab erschlagen werden.

In der Bildersprache des Tarot ist der Stab das Symbol des Anpackens, nicht des Verzagens. Er ist das Symbol des Wollens und das Zeichen für Aufbau und Erhaltung. Das Zerstören geht mehr in Richtung des Schwertes. Wenn der Stab zerstörend wirkt, so ähnelt dies mehr dem Abriß eines alten Hauses, an dessen Stelle ein neues erbaut wird. Dennoch gibt es auch Schmerz unter dem Symbol des Stabes.

Der Stab speist ein mächtiges Lagerfeuer, das die Menschen rundum wärmt und beschützt. Im übertragenen Sinne bringt der Stab also Wärme in Ihr Leben, eine überaus feurige Wärme allerdings, die nicht ohne Tücke ist, die Sie geradezu verzehren kann, wenn Sie nicht »Meister des Feuers« werden und bleiben.

Der Stab bringt Wärme, Fruchtbarkeit und Erfolg. Sie selbst können nachvollziehen, warum man dem Symbol des Stabes diese Eigenschaften zugeordnet hat. Wenn Sie im Frühling den dünnen Stamm eines jüngeren Baumes umfassen und sich nach anfänglicher Entspannung konzentrieren, können Sie die pulsierende Kraft spüren – eine Kraft, die zu fruchtbarem Ergebnis drängt und Sie dabei selbst ein wenig durchdringt – ein herrliches Gefühl!

Wann befrage ich den Satz der Stäbe?

Der Satz der Stäbe gibt Antworten auf Fragen, die

- berufliche Pläne und Absichten betreffen;
- in irgendeinem Zusammenhang stehen mit Vorhaben, bei denen es gilt, etwas zu schaffen oder aufzubauen;
- die eigenen Fähigkeiten, den immerwährenden Aufgaben und Herausforderungen im täglichen Leben und in der Partnerschaft zu begegnen, zum Thema haben.

Speziell im Fall einer beruflichen Partnerschaft empfiehlt es sich, den Satz der Stäbe zusammen mit dem der Münzen zu befragen.

As der Stäbe

Packen Sie zu! Ergreifen Sie den Stab, der Ihnen gereicht wird. Vielleicht ist er groß und mächtig, vielleicht klein, dünn und unscheinbar. Darauf kommt es nicht an. Entscheidend ist, daß Sie ihn ergreifen und als selbstbewußter Magier-Mensch die Gelegenheit nutzen.

Was ist mit dem Stab zu tun? Darauf braucht Ihnen der Tarot keine Antwort zu geben, denn die Antwort liegt bereits in Ihnen. Befragen Sie sich also selbst. Arbeit, Schaffen, Fortschritt, Aufbau, Erhaltung und Sicherung, begründen und erweitern sind Stichworte, die in Zusammenhang mit dem Stab stehen. Seine drei Schlüsselbegriffe lauten: Wärme, Fruchtbarkeit und Erfolg.

Forsch, verantwortungsbewußt, optimistisch und frei sind Begriffe, an die mich das As der Stäbe erinnert.

Im Rider-Waite-Tarot sprießen aus den Stäben grüne Blätter. Beim As der Stäbe sind es 18 Blätter, die Zahl des großen Arkanums XVIII Der Mond. Dies weist auf die Gefahr hin, mit dem Stab sinn- und nutzlos auf Wasser einzuschlagen, zerstörerisch/selbstzerstörerisch zu wirken oder wie wild Illusionen hinterherzujagen, statt sinnvoll und fruchtbar Bleibendes zu schaffen. Als Symbol für alle drei Möglichkeiten sehen Sie im Hintergrund der Karte eine Burg – eine Ruine, ein Luftschloß oder ein intaktes Heim voll Leben?

Divinatorische Bedeutung: Anpacken, Wollen, Beginn, Neuanfang, schaffen, erschaffen, begründen. Wenn diese Karte Ihre Partnerschaft symbolisiert, stehen Sie am Anfang einer Entwicklung oder einer Periode, die gekennzeichnet sein wird von viel Mühe (»Plackerei«), von ungestümer Feurigkeit, von geradezu stürmischem Drang, die aber zu einem überaus beglückenden und beständigen Ergebnis führen kann, wenn Sie nicht die Kontrolle verlieren. Sonst besteht – wie immer beim As als Anfang des Weges – die Gefahr des Scheiterns, die sich hier beim Stab am besten als »mit wehenden Fahnen untergehen, sich kräftig die Finger verbrennen« charakterisieren läßt.

Hinweis: Das As der Stäbe zeigt sich oft (und nicht nur in Fragen der Partnerschaft), wenn bei dem betreffenden Menschen eine gewisse Müdigkeit, eine aus dem Inneren kommende Schlappheit vorherrscht, die meist gefolgt wird von großer und umfassender Unzufriedenheit mit sich, seinem Partner, seinem Leben und überhaupt. Die Bedeutung ist offensichtlich: Laß dich nicht hängen, reiß dich zusammen, pack's an! Der Erfolg pflegt sich dann unmittelbar einzustellen.

II Stäbe

Zugehöriges großes Arkanum: Die Hohepriesterin (Karte II)
in Verbindung mit dem Stab.

Die Verbindung ist beinahe vollkommen: Auf der einen Seite steht die doch recht kühle Hohepriesterin mit ihrem scharfen Verstand, der ihr Schild ist und sie deutlich zwischen Schwarz und Weiß unterscheiden läßt und sie zum ruhenden Pol macht, der aber für sich allein noch nichts bewirkt. Sie wird ergänzt durch die wärmende und Fruchtbarkeit bringende Kraft des Stabes auf der anderen Seite. Sie bricht den Verstandesschild auf, ohne daß dieser aber an seiner auch ihm innewohnenden Kraft verliert. Hier finden sich zwei gegensätzliche Elemente und Kräfte. Der Verstand, der reine Intellekt wird erwärmt vom Feuer; er büßt ein an Kühle und Starrheit und gewinnt dadurch an innerer Kraft. Zugleich verhindert er (als Schild) ein ungebändigtes Anschwellen des Feuers mit der möglichen Folge einer riesigen Zerstörung. Die Fruchtbarkeit des Feuers (des Willens) bleibt also ungeschmälert, in voller Kraft erhalten.

Eine nette Überlegung, wenngleich nur am Rande, ist auch die Frage, was am Tarot denn nun wichtiger ist, der Verstand (das zugeordnete Element ist die Luft) oder der Wille (Feuer). Bedenken Sie, daß das schönste Feuer ohne Luft einfach nicht brennen kann, es erstickt.

Divinatorische Bedeutung: Überlegenheit (bitte lesen Sie hierzu unbedingt den nachstehenden Hinweis!); eine Persönlichkeit oder eine Partnerschaft, die durch eine geglückte, sich gegenseitig befruchtende Verbindung aus Verstand und Willen in der Lage ist, Aufgaben ohne große Probleme, ohne gewaltige Kraftanstrengung zu bewältigen und Fragen zu lösen; Gelassenheit, die auf Fähigkeit und Autorität gründet; Erfolg; Sicherheit aus dem Innern, die nicht abhängig ist von sich vielleicht irgendwann ändernden äußeren Umständen. Schwierigkeiten werden gemeistert, Ziele verwirklicht, Widerstände beugen sich.

Hinweis: Überlegenheit meint hier *nicht*, daß ein Mensch dem anderen übergeordnet ist, diesen schier niederdrückt, ihn tyrannisiert und sich dabei auch noch im Recht fühlt. Dies ginge meilenweit an der eigentlichen Bedeutung vorbei. Die Überlegenheit, um die es hier geht, baut auf innere Fähigkeiten und innere wie äußere natürliche Autorität, die erkannt wird und anerkannt ist und die auf »Protzgehabe« und Machtrituale ebenso verzichtet wie auf Gewalt, in welcher Form auch immer.

III Stäbe

Zugehöriges großes Arkanum: Die Herrscherin (Karte III)
in Verbindung mit dem Stab.

Der Mensch als Herrscherin, sei er Mann oder Frau, hat es verstanden, auf seinen Willen und seinen Verstand aufzubauen und zudem den Reichtum seiner Gefühle nutzbringend einzusetzen. Er hat sich, in die Sprache des Tarot übersetzt, einen üppigen Garten geschaffen, mit wogendem Korn, mit mächtigen Bäumen, in dem er nun »Herrscherin« ist – selbst ungeheuer fruchtbar in Denken und Fühlen, erfüllt von Frieden, geborgen, geschützt. Diesen von Reichtum, Harmonie, Freude und Glück erfüllten Garten wie auch den Menschen, der in ihm wohnt und der dafür sorgt, daß er weiterhin blüht und gedeiht, wärmt und schützt nun das Feuer des Stabes.

Wie ich bereits erwähnt habe, gibt sich die Herrscherin (Karte III)

nicht nur irgendwelchen Gefühlen hin. Sie weiß vielmehr sich selbst zu schützen und all das, was sie geschaffen hat. Sie ist absolut nicht wehrlos, sondern weiß ihren Willen und die Möglichkeiten ihres Verstandes geschickt zu nutzen. Sie weiß sich den Realitäten des Lebens und allen möglichen Herausforderungen zu stellen und ist auch bereit dazu. Gerade diese Fähigkeit wird durch die Karte III Stäbe zusätzlich verstärkt: Mein Leben ist erfüllt, ich bin reich. Ich werde alles Erforderliche unternehmen, um mein Erfülltsein, meinen Reichtum zu erhalten und zu mehren.

Divinatorische Bedeutung: Willensstark, reich (in umfassendem Sinne, nicht ausschließlich auf rein materielle Dinge bezogen); Schutz, Stabilität. Sie selbst oder Ihre Partnerschaft verfügen über eine Stärke, die sowohl aus Ihrem Inneren als auch von günstigen äußeren Umständen herrührt und eventuelle Stagnation oder Rückschläge mühelos überwindet. Wehrhaft, fest in sich ruhend; bereit und fähig, Erreichtes zu verteidigen und Neues zu erreichen. Sie selbst oder Ihre Partnerschaft zeichnet Fruchtbarkeit und Kreativität aus, eine Unternehmungslust, gepaart mit dem nötigen praktischen Wissen.

Hinweis: Die Karte III Stäbe erscheint oft in einer Phase des Lebens, in welcher der betreffende Mensch zur Ungeduld neigt. Er möchte dies, hat jenes vorbereitet und das dritte gemacht, aber irgendwie hat sich der Erfolg noch nicht eingestellt. Hier mahnt der Tarot, ein wenig abzuwarten. Der Erfolg wird kommen, wenn Ihr Bewußtseinszustand durch III Stäbe charakterisiert ist. Vergleichen Sie Ihre Situation mit einem fähigen und gewissenhaften Gärtner, der einen Samen gesetzt hat und jeden Morgen – ungeduldig bis zum äußersten – zum Beet stürzt, wo immer noch kein Keim zu sehen ist. Das Pflänzchen *wird* sich zeigen, zu seiner Zeit. Die Kräfte benötigen eine Weile, bis sie ihre Form in der realen Welt finden und ein Ergebnis hervorbringen. Nicht zuletzt stellt sich Erfolg durch Beharrlichkeit ein.

IV Stäbe

Zugehöriges großes Arkanum: Der Herrscher (Karte IV)
in Verbindung mit dem Stab.

Es ist mal wieder geschafft! Sie haben eine Aufgabe mit Bravour erfüllt. Sie haben sich erfolgreich Herausforderungen gestellt und Widerstände beseitigt. Jetzt sitzen Sie zu Recht als Herrscher auf einem Thron und können Ihre Umwelt gelassen überblicken. Gefahren haben Sie gebannt; Ihre direkte Umwelt ist geordnet und überschaubar; gewisse Zwänge sind zwar noch vorhanden, doch Sie werden ihrer Herr. Sie sind stark.

Zu diesem ohnehin schon recht befriedigenden Ergebnis gesellt sich nun noch das Symbol des Stabes. Ihr Szepter, das Sie als Zeichen Ihrer Stärke in der Hand halten, glüht feurig als deutlich sichtbares Zeichen Ihrer Kraft und Ihres unbändigen Willens: »Ich habe mein Leben (und die direkte Umwelt) fest im Griff.« Hier wird jedoch nicht nur die Stärke und das bloße »Ich weiß, was ich kann und erreicht habe« betont, sondern ebenso die Pflicht zur Verantwortung, der Zwang, sich der Verantwortung zu stellen, nicht nur in Gedanken und Worten, sondern vor allem in der Tat.

Vielleicht haben Sie viel erreicht, und es sei Ihnen gestattet, sich zu freuen, zu feiern. Vergessen Sie dennoch nicht ihre Aufgabe, zu bewahren, zu erhalten und wieder Neues vorzubereiten. In keinem Fall dürfen Sie sich klammheimlich aus Ihrer Verantwortung stehlen, sonst bricht »Ihr Reich« unverzüglich zusammen.

Divinatorische Bedeutung: Große Stärke, gefestigt sein. Eine oder mehrere Ihrer Aufgaben sind erfüllt, vollendet. Es gilt nun, in aller Kraft das Erreichte zu bewahren und den Weg in die Zukunft vorzubereiten. Ihre Partnerschaft ist überschaubar und geordnet (dennoch sind die möglichen Gefahren natürlich nicht für alle Zeit gebannt). Ihre Partnerschaft ist stabil und von innerer Stärke gekennzeichnet. Sie können sich mit Fug und Recht freuen, doch dürfen Sie darüber nicht die zukünftigen Herausforderungen und Ihre große Verantwortung vergessen.

Hinweis: Der Zustand, den diese Karte kennzeichnet, läßt sich gut mit dem Zustand eines Bauern zur Erntezeit vergleichen. Er erntet die Früchte seiner Arbeit und feiert das Erntedankfest – allerdings nur einen Tag lang. Dann bereitet er sich wieder auf die kommenden zwölf Monate vor.

V Stäbe

Zugehöriges großes Arkanum: Der Hierophant (Karte V)
in Verbindung mit dem Stab.

Leider währen ideale Zustände in unserem Leben oft nur sehr kurz. Oft werden Harmonie und Verstehen brutal gestört, wird das Leben in Auseinandersetzungen gestürzt, in einen Kampf, der oft um nichts oder doch um so gut wie nichts geht. Der Hierophant kennzeichnet einen solchen wirklich ideal zu nennenden Zustand, der von Güte, Verstehen, Reife, Verzeihen, ausgewogenem Geben und Nehmen und von Bereitschaft zu Opfern und Kompromissen gekennzeichnet ist, die nicht verzehren und zerstören, sondern die betreffenden Menschen und ihre Partner reicher machen.

Jetzt kommt der Stab, das Feuer, und stört diesen Idealzustand. Oft sind es Lappalien, aus der Luft gegriffene neue Pläne und Vorhaben, die bewährte Übereinkünfte zu zerstören drohen oder sie zumindest ungeheuer beeinträchtigen. Wie gesagt, oft sind es Unwichtigkeiten, die in vielen Fällen sogar von außen an die Partnerschaft herangetragen werden und dann plötzlich von einem oder beiden Partnern übernommen und als ungemein wichtig angesehen werden.

Das brennende Feuer des Stabes verhindert in einem solchen Moment, daß die Störung vom Hierophanten einfach absorbiert und in den harmonischen Kreislauf der Partnerschaft mit einbezogen wird. Die störenden Kräfte gewinnen demnach eine Art Eigenleben, das sie hartnäckig behalten. Das Ergebnis ist eine Störung der Partnerschaft.

Divinatorische Bedeutung: Auseinandersetzung, Kampf.

Hinweis: Wenn Sie diese Karte ziehen, kann dies zum einen einen Konflikt in Ihrer Partnerschaft, also direkt mit Ihrem Partner bedeuten und zum anderen eine Auseinandersetzung, die Ihre Partnerschaft in der Umwelt zu bestehen hat. Natürlich ist nicht ausgeschlossen, daß dies dann auch Rückwirkungen auf Ihr Verhältnis zu Ihrem Partner hat oder umgekehrt. Die Karte V Stäbe sagt weder aus, daß Sie in diesem Kampf unterliegen, noch daß Sie siegen werden. Es geht hier ausschließlich um die Störung, den Kampf als solchen.

Als Beispiel mag folgende Situation dienen: Ein lange zusammenlebendes Ehepaar sieht sich plötzlich vor die Notwendigkeit gestellt, ein bettlägriges Familienmitglied in sein Heim aufzunehmen. Dies bewirkt, nach möglicherweise vielen Jahren reibungslos eingespielter Routine, eine Störung, an der die Partnerschaft zerbrechen kann oder die den Weg zu ihrer Neugestaltung ebnet.

V Stäbe kennzeichnet auch die Situation eines Kaufmanns, der zusammen mit seinem Partner Tag für Tag ums Geschäft kämpfen muß – mal mehr, mal weniger.

VI Stäbe

Zugehöriges großes Arkanum: Die Liebenden (Karte VI)
in Verbindung mit dem Stab.

Ist diese Karte nicht so recht nach unserem modernen Geschmack? Ein junger (!) Mann reitet hoch (!) zu Roß, sein Kopf ist bekränzt; den zweiten (!) Siegerkranz hat er um den kräftigen Stab gewunden, den er stolz in seiner rechten Hand trägt. Natürlich ist er umringt von vielen (!) Bewunderern. Er ist jung, dynamisch und erfolgreich, sozusagen der Olympiasieger nach der fünften Goldmedaille in Folge.

So falsch ist dieser Vergleich gar nicht. Der Tarot erklärt *jeden von uns* zum Sieger, der sein Leben im Griff, es glückbringend eingerichtet hat. Die Goldmedaille wird ihm dann vom Leben und den Mitmenschen verliehen.

Die Karte VI Die Liebenden mahnt jeden Menschen, sein Leben in Liebe zu leben, seinen Weg zu suchen, sein Heim zu finden und zu errichten, ohne Furcht, ohne beklemmendes Gefühl der Einsamkeit, in Einklang mit sich, dem Leben und den Mitmenschen.

In der Karte VI Stäbe begegnet uns nun ein Mensch, dem dies ganz und gar gelungen ist. Vergleichbar der Herrscherin (Karte III) hat er seinen Willen, diese ungemein fruchtbare Kraft, eingesetzt und sich damit ein beglückendes Leben geschaffen, das von einem Feuer erhellt und gewärmt wird. Er hat Erfolg, er ist ein Sieger, und natürlich hat er Bewunderer.

Divinatorische Bedeutung: Sieg, Erfolg, Früchte des Bemühens. Ein Ziel ist erreicht, das nicht nur eine Etappe, sondern durchaus ein Endziel sein kann. Wünsche sind verwirklicht, Erwartungen haben sich erfüllt. Die Partnerschaft befindet sich in einem glückverheißenden Zustand, der bei richtigem Bemühen in voller Verantwortlichkeit die Basis für eine segensreiche Zukunft bilden kann.

Hinweis: Der Begriff Sieg bezeichnet hier keinen Sieg, der mit Gewalt, durch Unterdrückung und Vernichtung anderer erreicht wurde. Vielmehr ist er das Ergebnis des Bemühens, den Lebensweg unter allen Gesichtspunkten optimal und in Liebe, im Einklang mit der Welt und ihrer Ordnung zu gehen. Es ist ein ehrlicher Sieg, ohne rücksichtsloses Vorgehen, ohne faule Tricks. Er ist ein Sieg, der lange Bestand haben wird.

VII Stäbe

Zugehöriges großes Arkanum: Der Wagen (Karte VII)
in Verbindung mit dem Stab.

Schon wieder Dynamik, doch unterscheidet sich diese Karte wesentlich von der vorhergehenden. In der Karte VI Stäbe lernten Sie einen Menschen kennen, der seinen Lebensweg in Liebe geht, sein Leben optimal aufbaut und deshalb siegt. In der Karte VII Stäbe begegnen Sie einem Menschen, der voranstürmt, der ungeheuer dynamisch ist und furchtlos dem Unbekannten entgegenrast. Er siegt oder fällt auf die Nase, je nachdem.

Den Eroberer der Karte VII der großen Arkana zeichnet ja gerade diese Unbekümmertheit, diese Lust auf das Neue, Unbekannte aus. Er verläßt, was ihn einengt, was ihm zu klein scheint. Er steigt auf seinen Streitwagen, spannt die beiden Sphinxen an, wirft sich in die Brust und ruft: »Nach vorn! Voran! Wohin mich das Leben trägt!« Wenn er Pech hat, kommt er gar nicht vom Fleck, wenn nämlich die beiden Zugtiere nicht in eine, sondern in zwei verschiedene Richtungen laufen. Er muß also möglicherweise widerstrebende Kräfte erst einmal zügeln, sie bändigen, bevor er auch nur einen Meter voran ins Unbekannte kommt. Was hinter der nächsten Kurve liegt, kümmert ihn nicht; er stürmt voran. Doch der Tarot warnt: Wenn du nicht ein gewisses Maß an Vorsicht walten läßt, immer wieder, dann wirst du wohl nicht allzuweit stürmen können, sondern bald stürzen.

In der Karte VII Stäbe sehen wir diesen Menschen erfüllt von feurigem Willen, von lodernder Kraft. Sein Stab leuchtet grell, er will voran, wohin denn sonst?

Divinatorische Bedeutung: Voranstürmen, ins Unbekannte, dem Neuen entgegen; ungestüm neue Wege suchen, ausbrechen; Dynamik; sich kühn den Herausforderungen stellen; Furchtlosigkeit; Wagnisse und Risiken eingehen, möglicherweise recht unüberlegt; Tapferkeit; danach trachten, die Oberhand zu behalten. Wenn diese Karte Sie oder Ihre Partnerschaft charakterisiert, sollten Sie eine gewisse Vorsicht nicht außer acht lassen, sonst besteht die Gefahr frühzeitigen Scheiterns. Falls Sie jedoch Ihre Kraft, Ihren Willen und die nötige Vorsicht bestmöglich einsetzen, besteht die berechtigte Aussicht auf Erfolg, Gewinn und Sieg.

Hinweis: Diese Karte erscheint oft, wenn ein Mensch sich momentan in einem Kampf befindet, ob selbst verschuldet oder ohne eigenes Zutun. Hier ist es wichtig, Kraft, Willen und Vorsicht gezielt und optimal einzusetzen, um letztlich zu siegen. Andernfalls droht ein böser Sturz. Sie haben die Chance, aber Sie sind auch stark gefordert.

VIII Stäbe

Zugehöriges großes Arkanum: Gerechtigkeit (Karte VIII)
in Verbindung mit dem Stab.

Der Entscheidungen sind genug getroffen, nun ist es an der Zeit zu handeln. Mit dem Schwert der Frau Gerechtigkeit haben Sie Böses und Gutes, Schwarz und Weiß getrennt. Sie haben mit Ihrem Verstand

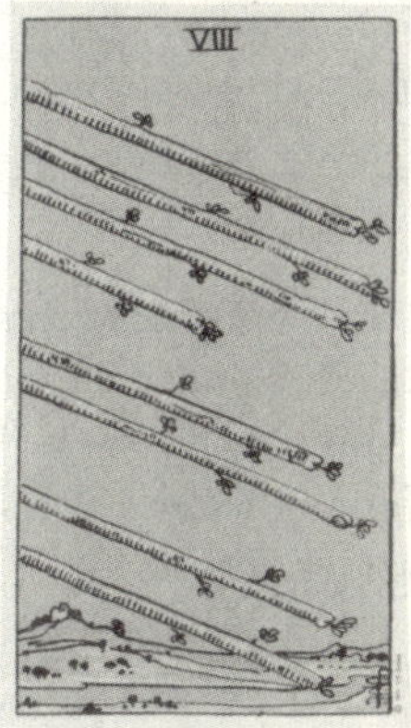

abgeschnitten, was des Guten oder Bösen zuviel war. Mit der Waage haben Sie ausreichend gewogen, für zu schwer oder zu leicht befunden. Nun geht es ans Werk.

In der Karte VIII Stäbe ergreifen Sie den Stab. Sie wollen mit aller Kraft die getroffenen Entscheidungen in die Realität umsetzen, sie verwirklichen. Im Sinne des Tarot ist es zwar wichtig, gelegentlich oder sogar immer wieder Pausen einzulegen, sich kurzfristig zurückzuziehen, nachzudenken und in aller Ruhe Entscheidungen zu treffen, viel wichtiger, entscheidend eben ist es aber, anschließend in der realen, materiellen Welt tatkräftig zu wirken und zu handeln.

Divinatorische Bedeutung: Rasch, gezielt, aber nicht übereilt handeln; in die Realität umsetzen, was für richtig befunden wurde, und korrigieren, was als falsch erkannt wurde.

Hinweis: Das Befragen des Tarot ist eine durchaus ernstzunehmende Angelegenheit, die weder leichtfertig noch übereilt noch ohne die nötige Konzentration durchgeführt werden sollte. Es gibt Fälle, in denen Menschen den Tarot zu Rate ziehen, ohne daß sie die gestellte Frage eigentlich tatsächlich interessiert. Sie fragen einfach nur so. Oft haben sich Menschen auch über die zu stellende Frage zu wenig Gedanken gemacht, sie übereilt gestellt; die Frage ist nicht griffig genug. In solchen Fällen reagiert der Tarot häufig mit der Karte VIII Stäbe, um damit etwa zu sagen: »Fragen Sie nicht ›jemand anderes‹ (den Tarot nämlich), sondern handeln Sie lieber erst, aber bitte richtig.« In diesem Fall rate ich Ihnen, die Befragung nach einer Weile unter Berücksichtigung der empfohlenen Schritte erneut durchzuführen.

IX Stäbe

Zugehöriges großes Arkanum: Der Eremit (Karte IX)
in Verbindung mit dem Stab.

Sie sind der Eremit. Für eine gewisse Zeit haben Sie sich zurückgezogen. Sie wollen für sich allein sein, Sie wollen sich selbst genug sein. Sie möchten Ihren Weg nicht in der Turbulenz Ihrer Umwelt, nicht in der Masse Ihrer Mitmenschen suchen. Für einen kleinen Moment wollen Sie sich selbst sein – voller Erfahrungen, gereift, klug, vielleicht ein wenig weise, in des Wortes bester Bedeutung.

Vielleicht stehen Sie, bildlich gesprochen, isoliert auf einem Berggipfel. Vielleicht ist es kalt dort, doch Sie spüren die Kälte nicht. Sie spüren keine Zerrissenheit, Sie sperren den Streß, die Unruhe aus. Sie finden zu sich, werden innerlich »rund«.

In dem Moment, den die Karte IX Stäbe kennzeichnet, ergreifen Sie den Stab. Er ist feurig und symbolisiert all das, was Sie bis jetzt gewollt, was Sie erreicht haben. Er ist auch ein Zeichen für alles, was Sie anstreben, was Sie noch erreichen wollen. Der Stab leuchtet, Sie stützen sich auf ihn, Sie können seiner Kraft vertrauen, Sie spüren seine Wärme, er gibt Ihnen Halt, er spendet Ihnen Kraft.

Divinatorische Bedeutung: Große Kraft, Reife. Wenn diese Karte Sie selbst oder Ihre Partnerschaft kennzeichnet, so bedeutet dies, daß Sie oder Ihre Partnerschaft sich momentan sicher nicht in einer Phase ungestümen, aktiven Handelns befinden. Vielmehr stehen Sie kurz vor einer solchen Phase, wobei alle Voraussetzungen für ein günstiges

Gestalten, für den Erfolg gegeben sind. Alle Zeichen sprechen dafür, daß Sie aufgrund von innerer Fähigkeit, Klugheit, Reife und Wissen allen Widrigkeiten erfolgreich begegnen werden. Sie sehen den richtigen Weg, Sie gehen den richtigen Weg. Sie werden Ihr Ziel erreichen.

X Stäbe

Zugehöriges großes Arkanum: Rad des Schicksals (Karte X)
in Verbindung mit dem Stab.

Wer von Ihnen kennt nicht den Druck, den Streß, die Probleme, die Sie schier zu erdrücken drohen, Sie beinahe zusammenbrechen, nur noch nach Ruhe verlangen lassen?

Im großen Arkanum X Rad des Schicksals oder Rad des Lebens sind Sie aufgefordert, immer und immer wieder die Balance zu halten zwischen den guten Kräften, die das Rad stützen, es sicher voranbringen, und den bösen Kräften, die daran zerren und ziehen und es am liebsten umstürzen würden.

Wenn die Karte X Stäbe Ihre momentane Situation charakterisiert, dürften Sie hiermit gewisse Probleme haben. Zum Rad des Lebens gesellt sich nämlich der Stab, diese feurige, manchmal schwer zu bändigende Kraft. Ihr Rad gleitet nicht mehr behutsam dahin, dreht sich nicht mehr sanft Umdrehung für Umdrehung, sondern es kommt in Schwung, vielleicht unerwartet, ganz plötzlich. Es gerät in »feurige« Fahrt. Der Grund dafür kann bei Ihnen selbst liegen. Vielleicht wollen Sie zuviel, alles auf einmal und alles möglichst schnell. Die Ursache kann aber durchaus auch in äußeren Umständen zu suchen sein. Das bedeutet, daß Ihr Lebensrad seinen schwunghaften Schub aus Ihrer Umwelt, von Ihren Mitmenschen, Ihrem Partner bekommt. Beide Varianten sind möglich.

Denken wir an unsere Kinderzeit, als wir gemächlich auf einer Schaukel hin- und herpendelten, und auf einmal kam der Nachbarjunge und schubste uns so vehement an, daß wir schier durch die Luft flogen. Manchmal überkam uns auch selbst der Übermut, und wir versuchten durch absichtliche Beschleunigung die Krone der Kastanie direkt vor unseren Augen zu erreichen. Es gelang nie, doch wenigstens glückte es uns immer wieder, sicher auf den festen Boden zurückzukommen.

Im kleinen Arkanum X Stäbe gewinnt Ihr Lebensrad rasant an Fahrt. Es kann leicht haltlos zu rotieren beginnen. Sie laufen Gefahr, vom Weg in den Graben zu geraten, zu scheitern, wenn Sie sich nicht mit aller Kraft bemühen, die Balance dennoch zu halten, dem Weg dennoch zu folgen. Dies ist manchmal nur möglich, wenn Sie die Geschwindigkeit ein wenig oder sogar drastisch reduzieren.

Divinatorische Bedeutung: Druck; unter Druck geraten, entweder aus sich selbst heraus oder durch äußere Umstände; zu schnell, zu viel, vielleicht zu unüberlegt; eine Phase rasanter Bewegung, in der die Gefahr droht, »unters Rad« zu kommen, wenn Sie nicht auf die richtige Weise zu reagieren vermögen; die Ansprüche sind zu groß, die Ziele zu hoch; der Aufgaben und Belastungen, der Herausforderungen sind zu viele. Es gilt zurückzustecken, das Tempo zu verlangsamen, um nicht den Überblick und die Fähigkeit zur Steuerung des Lebensweges zu verlieren. Streß; »alles bricht über mich herein«. In eine gemächlich verlaufende Angelegenheit oder Partnerschaft kommt plötzlich Bewegung, allerdings mit der Möglichkeit, daß die Beteiligten im wahrsten Sinne des Wortes überrollt werden, wenn sie nicht aufpassen.

Hinweis: In vielen Büchern, leider auch bei Waite, wird die Betonung bei dieser Karte meistens auf den Aspekt der Unterdrückung, des »Zu-Boden-gedrückt-Werdens« gelegt. Dies ist jedoch nur eines der denkbaren Ergebnisse, das eintritt, falls Sie nicht in der nötigen Weise reagieren. In erster Linie zeigt dieses Arkanum an, daß Ihr Lebensrad ungemein beschleunigt wurde – aus welchen Gründen auch immer – und daß Sie diese Beschleunigung bestmöglich steuern müssen und auch können, wenn Sie das wirklich wollen.

Der Satz der Kelche

Die Kraft der Gefühle

Gerade in einem Buch, das sich hauptsächlich mit Fragen der Partnerschaft beschäftigt, werden sich viele Leser zuerst auf das Kapitel stürzen, das sich mit den Gefühlen auseinandersetzt. Ich möchte Sie jedoch eindringlich warnen, ausschließlich auf den Satz der Kelche zu »setzen«. Sicher, seine Karten geben Auskunft über Liebe, Glück, Fülle, Blendung, Enttäuschung, doch eben »nur« im Gefühlsbereich. Als gesunde Basis einer Partnerschaft, sei sie privater oder beruflicher Natur, sind die anderen drei Elemente ebenso wichtig: das Feuer (Stab, anpacken, aufbauen), die Luft (Schwert, geistige Auseinandersetzung, sehen und meistern von Gefahren) und die Erde (Münze, verankert sein in der materiellen Umwelt). Wer von uns wollte eine für ihn wichtige Partnerschaft auf Dauer nur auf Wasser gründen, mag es noch so überschäumen, noch so sprudeln, noch so schmeicheln?

Symbol dieses Satzes ist der Kelch. Es spielt keine Rolle, aus welchem Material er ist, ob aus Gold, aus Ton oder der Hälfte einer Kokosnuß. Allein entscheidend ist sein Inhalt. Dieser Inhalt wiederum ist dem Kelch gleichgültig. Es kommt auf uns selbst an, womit wir den Kelch füllen, ob mit Wein, Wasser oder Essig. Wir müssen den Kelch mit Bedacht behandeln, nicht nur den Kelch, sondern vor allem seinen Inhalt, unsere Gefühle. Während Stab, Schwert und Münze sehr robust sind und schon mal verzeihen, wenn sie zu Boden fallen (nur verlieren sollten Sie diese Symbole nicht!), kann eine Unachtsamkeit für den Kelch Ihrer Gefühle unangenehme Folgen nach sich ziehen. Vielleicht übersteht der Kelch den Sturz, doch sein Inhalt – Ihre Gefühle – ergießen sich mit absoluter Sicherheit über den Boden. Gehen Sie also behutsam mit dem Kelch um, nicht weil er vielleicht aus Gold ist, sondern weil er Ihre Gefühle und jene Ihres Partners birgt. Verhindern Sie ein Überschwappen. Vermeiden Sie ein unnützes Vergießen. Achten Sie stets darauf, daß frische und starke, wärmende Gefühle nicht im Laufe der Zeit abgestanden und schal werden.

Wann befrage ich den Satz der Kelche?

In allen Angelegenheiten, die unmittelbar mit dem Gefühlsleben zu tun haben – mit Ihren Gefühlen oder denen Ihres Partners. Auch wenn es um Fragen der Gesundheit geht, können Sie den Satz der Kelche befragen. Sie fragen beispielsweise, was Sie tun können, um Ihre Gesundheit zu erhalten oder zu verbessern. Stellen Sie aber bitte keine Fragen wie: »Werde ich schwer krank?« oder ähnliches, und glauben Sie nicht, der Tarot könne einen Arzt ersetzen.
In allen Fragen, die handfeste materielle Dinge betreffen, sollten Sie keinesfalls darauf verzichten, den Satz der Münzen (Erde) bei der Befragung hinzuzuziehen.

Das As der Kelche

Eine herrliche Karte liegt vor Ihnen. Die Hand aus den Wolken trägt einen überaus prächtigen Kelch, aus dem fünf kräftige Bahnen in ein grenzenloses Meer strömen.

Vertiefen Sie sich für einen Moment in das As der Kelche. Diese Karte »verströmt« eine unbändige Kraft, sie vermittelt einen riesigen Optimismus, große Zuversicht, fruchtbare Wärme, trotz der eigentlich kühlen Farbe Blau.

Strömt das Wasser (oder der Wein?) tatsächlich aus dem Kelch ins Meer, oder ist es vielleicht umgekehrt? Fließen die Gefühle Ihrer Umwelt in Ihren persönlichen Kelch, oder ist diese Beziehung wechselseitig?

Eben warnte ich Sie vor dem Überschwappen, dem Vergießen. Beim As jedoch handelt es sich ja nicht um ein versehentliches, durch Unachtsamkeit ausgelöstes Vergießen, sondern um einen gewollten, geordneten Austausch, der fruchtbare Ergebnisse zeitigen kann, aber nicht muß, denn das As steht – wie immer – am Anfang des Weges. Die

Möglichkeiten sind bewußt erkannt, der Wille anzupacken ist vorhanden, nun gilt es, das Beste zu bewerkstelligen.

Divinatorische Bedeutung: Überströmende Gefühle, Gefühlsreichtum, »sprudeln«; eine Liebe, die in sich die größten Möglichkeiten und die größte Kraft birgt, allerdings auch die Gefahr, im Falle einer fehlenden Verankerung »auf dem Boden« irgendwann im Sande zu versikkern; Leidenschaft, Hingabe; mit jeder Faser des Herzens hinter einem Projekt/einer Partnerschaft stehen; riesige Freude, überschäumendes Glück; Geburt. (Hier ist nicht etwa die reale Geburt eines Kindes gemeint, sondern die Geburt von etwas Neuem, vielleicht unsäglich Schönem aus dem Reichtum und der Fruchtbarkeit der Gefühle heraus.)

Hinweis: Das As der Kelche bedeutet, wie jedes As, den *Anfang*. Als Magier nehmen Sie den Kelch und vertrauen auf die Kraft Ihrer Gefühle. Die Perspektiven sind günstig, aber Gefahren sind ständig vorhanden. Vergleichen Sie dieses Symbol mit einem See. An einem schönen Tag liegt er ruhig da und erfreut Sie durch seinen Anblick. Sie schwimmen darin. Sie lieben ihn. An einem stürmischen Tag ist er heftig bewegt. Sie fürchten ihn. Kommt ein Orkan, überschwemmt eine Flutwelle Ihr Haus, dann hassen Sie ihn. Auf eine Partnerschaft bezogen könnte man im Zusammenhang mit dieser Karte sagen: aus reichen Gefühlen geboren, mit allen Möglichkeiten ausgestattet, aber dennoch *schaumgeboren*.

II Kelche

Zugehöriges großes Arkanum: Die Liebenden (Karte VI) in Verbindung mit dem Kelch.

Aus der überschäumenden Liebe der Karte As der Kelche ist eine Liebe entstanden, die ihren Tritt gefunden, Proben und Versuchungen überstanden hat, die gereift ist im täglichen Lebenskampf. Rufen Sie sich kurz die Karte VI der großen Arkana ins Gedächtnis. Adam und Eva sind bereits aus dem Paradies vertrieben worden (die Flitterwochen sind beendet, der Alltagstrott hat Einkehr gehalten), und die Liebe besteht immer noch. Beide Partner reichen sich die Hand, schauen sich liebend und verstehend in die Augen. Den anderen verstehen, aus dem Herzen heraus, ohne sich zu verstellen, ohne Hintergedanken, offen – das sind einige der Schlüsselbegriffe dieser Karte. Wärme des Herzens, beschützende und kraftspendende Liebe, die nicht mehr nur im siebten Himmel schwebt und sich ohne Verankerung, ohne Halt treiben läßt, sondern die den siebten Himmel im Herzen trägt.

Diese Liebe taugt auch als Fundament für eine Partnerschaft, in welcher Weise und Ausprägung auch immer, vielleicht ein Leben lang.

Wenn Sie diese Karte ziehen, haben Sie zu Recht Grund zu großer Freude. Vergessen Sie aber bitte nicht, daß Sie die Verpflichtung haben, den Kelch dieser Liebe trotz allem zu hegen, ihn zu bewahren und die Gefühle in ihm zu pflegen.

Divinatorische Bedeutung: Liebe, die ihren Weg gefunden hat.

Hinweis: Die überaus positive Aussage der Karte II Kelche gilt natürlich auch für eine »knallharte« berufliche Partnerschaft. In diesem Fall können und dürfen Sie davon ausgehen, daß Ihre Partnerschaft von gegenseitigem Vertrauen, von Ehrlichkeit und beiderseitigem, aufrechtem Bemühen geprägt ist oder sein wird.

III Kelche

Zugehöriges großes Arkanum: Der Eremit (Karte IX)
in Verbindung mit dem Kelch.

Der Eremit steht allein auf einem Berg in einer unwirtlichen Umgebung. In Wirklichkeit jedoch ist er nicht allein. Er trägt eine unwahrscheinlich große Erfahrung, Reife und Güte in sich und verfügt über großes Wissen. Der Stab, den er trägt, leuchtet feurig. Der Eremit lebt und überlebt, trotz aller momentanen äußeren Widrigkeiten. Er hat sich nur kurzfristig in sich zurückgezogen, um klar sehen zu können, seinen künftigen Weg zu finden.

Im kleinen Arkanum der Karte III Kelche öffnet er sich wieder der Kraft der Gefühle. Zu seinem Wissen, seiner Reife und Güte gesellt sich (wieder) die überschäumende Kraft der Gefühle, des Kelches. Doch Vorsicht ist geboten, denn läßt er sie außer acht, dann besteht die Gefahr, daß er von einem plötzlichen Schwall der Gefühle im wahrsten Sinne des Wortes überschwappt wird. Das sollte nicht sein. Deshalb muß er die Gefühle bändigen, sie »portionieren«, um sie fruchtbar für sein weiteres Leben einsetzen und nutzen zu können. Die Gefühle sollen ihn wärmen, ihn mit kräftigem Leben erfüllen, nicht ertränken.

Stellen Sie sich zur Veranschaulichung einen gestauten Bach vor. Wird das Wehr allmählich geöffnet, so ergießt sich ein wohlbemesse-

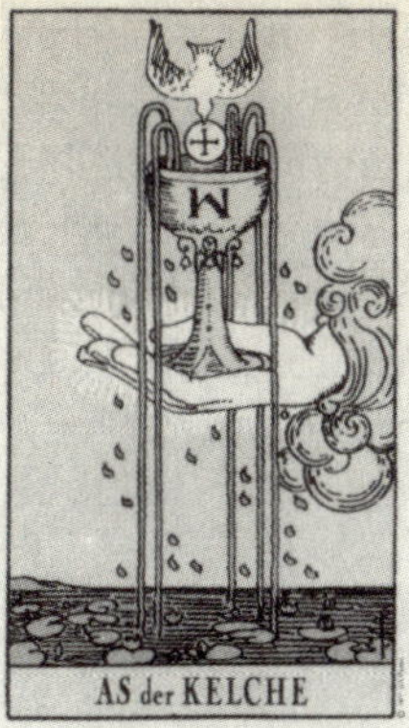

ner Wasserstrom auf die Felder. Wird das Wehr aber mit einem Ruck ganz geöffnet oder bricht es, so ergießt sich vielleicht ein nicht mehr zu bändigender Wasserstrom daraus, der zerstört, statt fruchtbar zu bewässern. Sie sehen, welche Möglichkeiten und Gefahren diese Karte in sich birgt.

Divinatorische Bedeutung: Fülle; Überfluß an Gefühlen, der freilich durchaus zerstörerisch wirken kann, falls er nicht gebändigt wird; neue reiche Gefühle nach einer Phase der Stagnation, der Isolation, des Sichzurückziehens; Lösung eines Problems (nicht im materiellen, sondern im Gefühlsbereich); Freude, Erfolg im Bereich der Gefühle; ein Ergebnis, das den Weg zu neuen Ufern weist und ermöglicht; hervorragende Aussichten, wenn die bisherigen Erfahrungen und Erkenntnisse in bezug auf das Ziel bestmöglich genutzt werden.

Hinweis: Die Aussagen der Karte III Kelche haben durch die immense Kraft des Eremiten durchaus ihren Halt in der realen Welt. Wenngleich dieses kleine Arkanum durch seine Stellung im Satz der Kelche im Gefühlsbereich angesiedelt ist, so zeigt sich seine Wirkung doch ganz handfest. Der Tarot gesteht den Gefühlen nämlich eine herausragende Kraft zu, durchaus vergleichbar dem Wasser, das auf öden, ausgetrockneten Feldern Pflanzen sprießen läßt.

IV Kelche

Zugehöriges großes Arkanum: Der hängende Mann (Karte XII) in Verbindung mit dem Kelch.

Wer den Tarot aufmerksam, mit viel Gefühl und Intuition durchwandert und seine Geheimnisse kennenlernt, wird feststellen, daß er dem Menschen durchaus Pausen im aktiven Handeln, im zielgerichteten Bemühen zugesteht, ja diese sogar befürwortet. Es handelt sich dabei um ein Innehalten, ein Verschnaufen, ein Überdenken oder Kräftesammeln. Ein Mensch, der solchermaßen innehält, vergibt sich nichts, im Gegenteil – er gewinnt an innerer Kraft, an Erkenntnis. Allerdings weist der Tarot darauf hin, daß dieses Innehalten im aktiven Vorangehen und Streben zeitlich begrenzt bleiben muß. Schon bald muß sich eine Phase der Aktivität anschließen, die konkrete Ergebnisse in der materiellen Welt bringt.

Der hängende Mann, dem die Karte IV Kelche zugeordnet ist, hat sich soeben eine schöpferische Pause gegönnt. Sie ermöglichte ihm neue Ideen, neue Einfälle, neue Perspektiven. Nun hat er seinen Fuß aus der Schlinge gelöst, seine Beine wieder fest auf den Boden gestellt, nun sollte es wieder ans Handeln gehen.

Doch was macht dieser Mensch? Betrachten Sie die Karte IV Kelche im Rider-Waite-Deck. Statt festbegründet, aufrecht stehenzubleiben, statt voranzugehen und sein Leben anzupacken, setzt er sich an den Fuß des Baumes, an dem er bis jetzt kopfüber hing, und sinniert. Statt forsch ans Werk zu gehen, ergeht er sich in Gefühlen. Salopp gesagt »schaut er ins Glas«, er schwimmt im Meer seiner Gefühle, er läßt sich von diesen in seinem Inneren treiben und vielleicht sogar wegschwemmen. Sie ahnen das Ergebnis.

Divinatorische Bedeutung: Frustration; Enttäuschung, die oft einer realen Grundlage entbehrt, sondern vielmehr aus vermeintlicher

Unfähigkeit, etwas zu bewerkstelligen, zu erkennen oder zu bewirken, entsteht; lähmende Unlust, die jedoch durch eigene Willenskraft überwunden werden kann; sich zurückziehen, abkapseln, nicht, um dadurch selbst zu reifen, sondern um »alles« von sich wegzuhalten, leider auch das Erfreuliche. Typische Einstellung in einer solchen Phase: »Mich ekelt alles an; niemand braucht mich, ich brauche aber auch keinen; ich bin rundum enttäuscht – von allem und jedem.«

Hinweis: Wer sich in dieser Phase tatsächlich gehenläßt oder vielmehr mit fest vor der Brust verschränkten Armen und gesenktem Blick sitzen bleibt, riskiert, daß eine vermeintlich festgefahrene Situation auf Dauer in Stagnation und »Frust« verharrt. Dabei ist der Ausweg in den Geheimnissen des Tarot erstaunlich leicht zu erkennen und zu befolgen: Schalten Sie Ihren Willen ein, heben Sie Ihren Blick und beginnen Sie wieder *klar zu sehen*. Dann wird es Ihnen auch schnell gelingen, Ihre Gefühle wieder unter Kontrolle zu bekommen, statt in ihnen herumzuschwimmen. Dann sehen (und spüren) Sie auch wieder den Kelch wärmender und kraftspendender Gefühle, der Ihnen von Ihrer Umwelt gereicht wird, von Ihren Mitmenschen, Ihrem Partner. Dann empfinden Sie auch wieder Freude und Lust am Leben.

V Kelche

Zugehöriges großes Arkanum: Der Teufel (Karte XV)
in Verbindung mit dem Kelch.

Die Situation ist überhaupt nicht zum Lachen. Während es sich in der vorangegangenen Karte IV Kelche lediglich um eine leicht zu überwindende Frustration handelte, die ihren Grund nicht im Realen hatte, sondern durch ein Sich-treiben-Lassen in Gefühlen ausgelöst wurde, ist hier der Teufel im Spiel, und dies ist leider weitaus ernster. Der Teufel bezeichnet eine durchaus reale *Sackgasse* im Leben. Er sagt: »Du bist zu weit unten, den falschen Weg gegangen, du mußt zurückgehen, einen völlig anderen Weg einschlagen.« Der Teufel heißt *nicht sehen, nicht erkennen,* also verharren in einer tatsächlichen Finsternis, die von dem betreffenden Menschen oft gar nicht als solche erkannt wird. Der Teufel meint *gefesselt sein* und die Fesseln gar nicht sehen beziehungsweise nicht sehen wollen. In einem solchen Zustand haben Sie nichts von Ihrer Kraft als Mensch eingebüßt, Sie sehen die Möglichkeiten dieser Kraft nur einfach nicht mehr.

Nun kommt der Kelch ins Spiel mit seinem empfindlichen Inhalt an Gefühlen, die Sie hegen und pflegen *müssen.* Was wird ein Mensch mit seinen oder den Gefühlen anderer tun, wenn er in der Blindheit des Teufels verharrt?

Er wird sie sorglos behandeln, mit ihnen verfahren, als wären sie wertlos, für ihn unwichtig. Vielleicht wird er sie von sich weisen, sie mißachten. Möglicherweise stößt er den Kelch um, vielleicht lacht er sogar, wenn sich sein Inhalt über den Boden ergießt. Es ist ihm gleichgültig, egal, denn er sieht nicht.

Die andere Möglichkeit wäre, daß ein Mensch in der Finsternis des Teufels die Gefühle bewußt für irgendwelche Zwecke einsetzt, wobei der Begriff »bewußt« hier in Zusammenhang mit den vielleicht goldenen Fesseln des Teufels zu sehen ist. Rücksichtslos wird er sich der Gefühle bedienen.

Divinatorische Bedeutung: Falsche oder falsch verstandene Gefühle, großer Verlust an Gefühlen, Gefühlskälte, Unaufrichtigkeit, Unehrlichkeit, innere Kälte, Rücksichtslosigkeit, »über Leichen gehen«; Verlust der Fähigkeit, Wärme zu spenden und Freude zu spüren; unfähig, wirklich und echt zu lieben; innerlich zerrissen sein, Schwärze.

Warnung: Wenn die Karte Ihre Partnerschaft kennzeichnet oder Ihre Einstellung dazu, dann ist Umkehr und völlige Neuorientierung dringend geboten. Sonst ist vor dieser Partnerschaft – oder vor Ihnen – zu warnen. Eine Rettung ist nur dann möglich (aber sie ist möglich!), wenn Sie sich *sofort* und *äußerst* bemühen, wieder die Wahrheit, die tatsächlichen Realitäten zu sehen, sie zu erkennen, die richtigen Schlüsse daraus zu ziehen und diese dann umzusetzen. Sonst bleibt Ihre Partnerschaft auf Dauer »beim Teufel«.

VI Kelche

Zugehöriges großes Arkanum: Der Mond (Karte XVIII)
in Verbindung mit dem Kelch.

Die Gefahren, die das große Arkanum Der Mond enthält, sind zum größten Teil bewältigt und überstanden, wenn Ihre Partnerschaft durch die Karte VI Kelche gekennzeichnet wird. Sie haben es vermieden, im Urmeer, also in Verzweiflung, Hoffnungslosigkeit und Depression zu versinken; Sie sind dem Wolf ausgewichen, haben sich auch vom Hund nicht beißen lassen; Sie weigern sich, den blendenden Illusionen der Mondgöttin nachzurennen ohne die geringste Chance, diese jemals verwirklichen zu können. Sie haben mannigfachen Versuchungen des täglichen Lebens widerstanden und halten nun beide den Kelch fest in der Hand. Sie wissen, wie empfindlich Gefühle sind. Sie wollen sie hegen und ihre Kraft in Fruchtbarkeit umsetzen. Sie haben eine gewisse Stufe in Ihrem Leben erreicht und genießen hier den Schutz durch kräftige, aber doch geordnet strömende Gefühle.

Divinatorische Bedeutung: Freude, Zusammengehörigkeit; ehrliche und aufrichtige Gefühle, die einen Schutz gegen so manche Fährnisse bilden; Sicherheit durch den ausgeglichenen und wechselseitigen Strom kraftvoller Gefühle; eine Phase gewisser innerer Ruhe.

Hinweis: Bitte freuen Sie sich nicht zu früh, denn die Karte Der Mond gehört nicht zu denen, die ewig andauernde Stabilität und Sicherheit, ein immerwährendes Glück versprechen können. Noch zu sehr geht es hier darum, den Weg zu finden, der zum Glück (Karte XIX) führt. Noch fehlt die letzte Sicherheit durch die unumstößlich feste Verankerung in der Welt, im Leben. Noch sind die Versuchungen und Gefahren, die Verlockungen einfach zu stark, zu dominierend.

Bitte merken Sie sich deshalb, daß die Karte VI Kelche durch eine gewisse *Naivität* gekennzeichnet ist – durchaus jungen Menschen vergleichbar, die ihren Weg erst noch finden, ihren Platz erst noch erreichen müssen. Hier geht es um eine Etappe, nicht um das Endziel – eine innere Sehnsucht und leichte Unruhe schwingen mit.

VII Kelche

Zugehöriges großes Arkanum: Die Welt (Karte XXI)
in Verbindung mit dem Kelch.

Die größte Harmonie des Arkanums Die Welt, das Endziel unserer Bemühungen auf dem Lebensweg, die Vollendung, läßt sich nicht allein auf dem Weg des Kelches, durch Gefühle erreichen. Hier bedarf es einer ganzen Menge mehr. Sie müssen alle Bewußtseinszustände der Karten 0 (Narr) bis XIX (Sonne) durchdringen und voll in sich aktivieren, dann müssen Sie sich in Aufrichtigkeit dem Gericht der Karte XX stellen und Rechenschaft ablegen. Auf diesem Weg sind die Kraft und der Reichtum der Gefühle unabdingbar; auf sie darf und kann gar nicht verzichtet werden – aber allein durch Gefühle?

Natürlich ist es richtig zu sagen, daß Sie sich in ihrer Partnerschaft glücklich fühlen, wenn Sie vorher eine Unmenge von Aufgaben erfolgreich bewältigt haben, um diese Partnerschaft tatsächlich zu einer glücklichen werden zu lassen, wenn Sie dann im entscheidenden Moment nüchtern (unter Zurückstellung Ihrer Gefühle) prüfen und analysieren, ob Ihre Partnerschaft real den Anforderungen genügt, wenn Sie sich zu erkennen bemühen, ob die Partnerschaft, die Sie aufgebaut haben, tatsächlich so ist, wie Sie sie wollten. Erst wenn Sie glücklich *sind*, könnten Sie sich auch zu Recht glücklich *fühlen*. Dann allerdings *werden* Sie sich automatisch glücklich fühlen.

Leider viel zu häufig werden Menschen vom Scheitern ihrer Partnerschaft überrascht und sind dann völlig fassungslos. »Aber warum«, fragen sie sich, »ich fühlte mich doch glücklich. Ich dachte, mein Partner sei ebenso glücklich, warum also nur . . . ?«

Es mag hart klingen, aber zu viele Menschen ziehen es anscheinend vor, gerade in Fragen der Partnerschaft über lange Zeit hinweg mehr ihren Gefühlen zu lauschen, als gelegentlich ihren Verstand zu Rate zu ziehen. Dabei merken Sie irgendwann offensichtlich nicht mehr, wie wäßrig Ihre Gefühle und die Ihres Partners werden, wie schal, wie viel sie von ihrer ursprünglichen Kraft und Wärme verloren haben und weiter verlieren. Sie spüren die Resonanz der Realität nicht mehr, sondern fühlen nur noch Ihre eigenen Hoffnungen und Sehnsüchte, Ihre Illusionen.

Divinatorische Bedeutung: Illusionen, Täuschung, Blendwerk; ein Verhalten, ein Vorhaben oder eine Partnerschaft, das oder die nicht mehr in den Erfordernissen und Möglichkeiten der realen Welt gründet, sondern allein auf Gefühlen, die möglicherweise schon viel von ihrer Kraft und Fruchtbarkeit eingebüßt haben, ohne daß dies bemerkt wurde. Ein Erfolg, so er sich überhaupt einstellt, ist wahrscheinlich nur von äußerst kurzer Dauer und kann sogar ein niederschmetterndes Ergebnis nach sich ziehen. Sich vorgaukeln, was nicht ist, was nicht sein kann, was nie sein wird; Träume, Einbildung, Wunschdenken.

Hinweis: Gefühle und Vertrauen in die eigenen Gefühle oder in die des Partners sind an sich nicht verkehrt, wie Sie bereits erkannt haben. Die verhängnisvollen Illusionen der Karte VII Kelche können ohne weiteres unverzüglich gebannt werden, wenn Sie die Gefühle wieder auf eine vernünftige, reale Basis zu stellen bereit sind!

VIII Kelche

Zugehöriges großes Arkanum: Die Hohepriesterin (Karte II) in Verbindung mit dem Kelch.

Stellen Sie sich vor, Sie sitzen als Hohepriesterin auf einem Steinblock und gebrauchen haarscharf Ihren Verstand. Sie denken, Sie analysieren und bilden damit einen ruhenden Pol zwischen den Kräften Schwarz und Weiß. Das Meer der Gefühle halten Sie für diesen Zeitraum von sich fern, denn Sie möchten sich bei Ihrem Denken nicht von Gefühlen leiten oder verleiten lassen. Dennoch durchströmt Sie ein kleiner Teil Ihrer Gefühle – als Intuition. Im kleinen Arkanum der Karte VIII Kelche greifen Sie nun zum Kelch und besinnen sich wieder voll Ihrer Gefühle.

Diese Situation ist durchaus vergleichbar der Karte III Kelche, als der Eremit den gleichen Vorgang vollzog mit dem Ergebnis der Fülle, des Überflusses und der Gefahr zerstörerischer Wirkung. Aus dem Eremiten bricht nämlich die ganze Fülle einer gereiften Persönlichkeit hervor, die bereits viele Bewußtseinsebenen in sich aktiviert hat.

Die Hohepriesterin steht noch am Anfang des Weges, sie ist bei weitem noch nicht so vielschichtig und komplex wie der Eremit. Sie ist noch nicht *reif*, sie steht erst (!) auf der Stufe des reinen, klaren Verstandes, der zu analysieren vermag, aber beispielsweise die Güte, die Kraft des Verzeihens noch nicht kennt. Sie sagt: »Mein Verstand ist mein Schild.« Jetzt beendet die Hohepriesterin den Vorgang des reinen Denkens und öffnet sich den Gefühlen.

Dadurch erfährt sie in ihrem Inneren eine ungeheure Bereicherung. Das, was sie durchdacht und dann erkannt hat (als richtig oder falsch), wird nun einer Prüfung auf der Ebene der Gefühle unterzogen, für richtig befunden, korrigiert oder vielleicht sogar verworfen – allerdings nicht aus einer gefühlsmäßig bedingten *Laune* heraus, sondern aus dem Gefühl tiefer innerer *Einsicht*.

Divinatorische Bedeutung: Intelligenz, Klugheit und Verstand – gepaart mit einer Einsicht, die auch den Gefühlen vertraut und diese zu Rate zieht. Die Partnerschaft oder ein Vorhaben werden nicht mehr ausschließlich nach nüchternen und jederzeit durch den Verstand zu begründenden Überlegungen gestaltet oder beurteilt, sondern auch mit Gefühlen. Dadurch öffnet sich die Partnerschaft einem neuen Bereich, und es ergeben sich drei Möglichkeiten: Bestätigung des Bisherigen, Korrektur oder Aufgabe der Partnerschaft, Einstellen der Bemühungen (wohlgemerkt: dieser Vorgang vollzieht sich aus Einsicht, nicht unter äußerem Zwang!). Wenn Sie diese Karte ziehen, bedeutet dies also den Hinweis oder sogar die Notwendigkeit, Ihre Partnerschaft oder Ihre Einstellung dazu nicht mehr allein unter dem Blickwinkel des reinen Verstandes zu betrachten, sondern die Gefühle mit hineinzunehmen, um so zusätzliche Bestätigung und Wärme oder den Weg zu neuen Möglichkeiten zu finden oder aber Fehler zu vermeiden.

Hinweis: In der Literatur wird der Akzent bei dieser Karte oft ausschließlich auf das Aufgeben, das Einstellen der Bemühungen gelegt. Dies wird meines Erachtens der Karte nicht gerecht und vor allem nicht dem Wesen der Hohepriesterin. Die Bestätigung des Bisherigen und

die Möglichkeit zu Korrekturen erscheinen mir ebenso in dem Arkanum enthalten. Doch bitte urteilen Sie selbst nach persönlicher Erfahrung mit dieser Karte.

IX Kelche

Zugehöriges großes Arkanum: Der Hierophant (Karte V)
in Verbindung mit dem Kelch.

Für Sie besteht Grund zur Freude, denn nun kommt der Hierophant ins Spiel. Er ist ein Mensch, der die Gegensätze zwar sieht, doch nicht mehr nur darauf besteht, sie zu erkennen, zu analysieren, zu trennen. Sein Ziel ist vielmehr, Gegensätzliches zu vereinen, zu versöhnen, zu »harmonisieren«, und dieses Ziel strebt er durchaus erfolgreich an.

Beim Hierophanten kann von Harmonie in ihrer wahrsten Bedeutung gesprochen werden: Güte, Verstehen aus den innersten Tiefen der menschlichen Persönlichkeit heraus, gepaart mit einer immerwährenden Bereitschaft zu Opfern, welche die Harmonie letztlich erst ermöglicht und zu ihrer Stabilität wesentlich beiträgt. Aus Schwarz und Weiß wird ein steter fruchtbarer Fluß des Gebens und Nehmens, des Spendens und Empfangens.

Spüren Sie, welche unwahrscheinlich wichtige Bedeutung der Hierophant gerade für den Bereich der Gefühle hat? Nicht mehr deine Gefühle hier und meine Gefühle dort, sondern unsere Gefühle – gegenseitiger, befruchtender Austausch, der Wärme, Sicherheit bringt – Harmonie.

So entsteht aus meinen und deinen Gefühlen und dem Wesen des

Hierophanten, aus drei Kräften, eine neue lebendige vierte Kraft: *unsere* Gefühle. Diese vierte Kraft kann und muß die Basis bilden für Ihr weiteres Zusammenleben in der Partnerschaft. Eingeweihte, die schon über Erfahrungen in Esoterik und speziell im Tarot verfügen, erkennen hierin unschwer das wichtige Gesetz der *Dreiheit*.

Divinatorische Bedeutung: Harmonie, Verstehen, Glück im Gefühlsbereich, harmonische Partnerschaft; die Fähigkeit (oder der Zwang, je nach Sachlage), Opfer auf sich zu nehmen, Kompromisse zu schließen; eine Liebe, die auf tiefem gegenseitigem Verstehen gründet und gekennzeichnet ist durch ein ausgewogenes, stetiges Geben und Nehmen; Erfolg und Sicherheit, Wohlergehen und Wohlbefinden; ehrliche Gefühle, auf die Sie bauen können; Ausgewogenheit und Ausgeglichenheit.

Hinweis: In der Karte des Rider-Waite-Tarot sehen Sie die Gefühle schön auf dem Wohnzimmerbuffet aufgereiht (ordentlich!) und den Mann, also Sie in diesem Fall, recht protzig davor sitzen. Er scheint zu sagen: »Ich weiß wohl, was ich habe.« Er läßt unwillkürlich an einen reichen Kaufmann denken.

Bitte vergessen Sie nicht, daß diese Karte keinen statischen Vorgang kennzeichnet, der nun eben abgeschlossen ist, sondern einen Bewußtseinszustand, der gerade durch sein *Fließen* charakterisiert ist. Wenn Sie nicht durch die Bereitschaft zu täglichem Einsatz dieses Fließen, diese Harmonie, fruchtbar unterstützen, kann es sehr schnell stocken. Dann zählen Sie Ihre Kelche und bemerken nicht, daß keine oder nur mehr schale Gefühle darin sind.

X Kelche

Zugehöriges großes Arkanum: Gerechtigkeit (Karte VIII)
in Verbindung mit dem Kelch.

Die Karte Gerechtigkeit zwingt Sie deutlich, für einen Moment Ihre Gefühle zu beherrschen (sich nicht von ihnen beherrschen zu lassen), sich in Ruhe hinzusetzen und gelassen, unparteiisch (auch sich selbst gegenüber) eine oder mehrere Entscheidungen zu treffen, von denen Ihr weiteres Leben und das Ihres Partners entscheidend abhängt.

In der Karte X Kelche ist die Entscheidung gefallen. Ist es die richtige? Der Tarot gibt Ihnen darauf keine direkte Antwort, sondern sagt: »Sie werden sehen.«

Eine Entscheidung wird mit dem Schwert (Verstand) und der Waage getroffen (prüfen). Dann muß jeder mit seinem Herzen die letzte Kontrolle durchführen, die Entscheidung also vom Herzen prüfen lassen. In diesem Zusammenhang ist es wichtig, ungeheuer wichtig, daß Sie mit Ihrer gesamten Persönlichkeit hinter der Entscheidung stehen, wenn es darum geht, sie in die Realität, in die materielle Welt umzusetzen. Das kleine Arkanum X Kelche beschreibt diesen Vorgang: Sie öffnen sich den Gefühlen (Ihren oder jenen Ihres Partners) und messen mit dem Kelch Ihre Entscheidung. Im besten Falle besteht die Entscheidung die Prüfung – Sie stehen voll und ganz dahinter, ohne Wenn und Aber, setzen Sie dann um und werden Erfolg haben. Oder Sie finden heraus, daß Ihre Entscheidung einer Korrektur und Abänderung bedarf. Sie sollten diesen Vorgang dann so lange wiederholen, bis Ihre Entscheidung optimal ist. Oder Sie verwerfen die Entscheidung gänzlich und beginnen mit dem Prozeß wieder von vorn – bis Sie voll und ganz zufrieden sind und ans Werk gehen können.

Divinatorische Bedeutung: Prüfen Sie getroffene oder zu treffende Entscheidungen mit Ihrem Gefühl. Scheuen Sie sich nicht davor, eventuell einen anderen Weg einzuschlagen, den Sie letztlich als besser oder allein richtig erkennen und »fühlen«. Sie (und gegebenenfalls Ihr Partner) müssen mit Ihrem ganzen Herzen hinter der Entscheidung stehen. Lassen Sie sich nicht unter Druck setzen oder verleiten, bleiben Sie in sich gefestigt. Wenn Sie diese Mahnung des Tarot befolgen, haben Sie alle Aussichten auf eine gefestigte Partnerschaft (oder ein gefestigtes Heim, auf sich gegenseitig befruchtendes Glück, auf Sicherheit, vollendeten Erfolg und beglückende Zufriedenheit).

Der Satz der Münzen

Die Verankerung in der Welt

In dieser unserer Welt dürfen wir leben, wir müssen in ihr leben. Das ist unser Recht, unsere Pflicht, unsere Aufgabe. Als Symbol dafür sehen Sie in der Bildersprache des Tarot die Münze. Sie hat zwei Seiten: Recht und Pflicht, Freud und Leid, Liebe und Schmerz, Geben und Nehmen. Das eine kann ohne das andere nicht existieren, wie es das Gesetz der Balance ausdrücklich sagt.

Im Satz der Münzen geht es um *materielle Dinge*. Sicher denken die meisten von uns hier in erster Linie an das liebe Geld. Mit materieller Welt ist jedoch nicht nur Haben oder Soll auf dem Bankkonto gemeint, nicht nur die Dicke des Geldbeutels, sondern vielmehr die Gesamtheit aller Dinge, die die Welt ausmachen, in der wir leben, die wir wahrnehmen und fühlen können, die unser Leben erfüllen müssen und die uns als Gegenleistung ihrerseits Lebensgefühl und Lebenskraft spenden.

Ein Beispiel soll dies verdeutlichen. Wenn Sie zusammen mit Ihrem Partner ein Haus bauen möchten, so ist dies natürlich in erster Linie eine Frage Ihrer Finanzen. Ohne Geld geht selbstverständlich überhaupt nichts, doch Geld allein reicht nicht aus. Sie brauchen eine Vielzahl von Mithelfern – Architekt, Handwerker, Planer und Berater –, denen Sie *vertrauen* müssen und umgekehrt. Sie alle bilden eine Mannschaft, die dafür sorgt, daß Ihr Häuschen schließlich eine gesunde, tragfähige materielle Basis erhält. Vergessen Sie die Nachbarn nicht. Auch sie sind Teil der materiellen Basis Ihres Hauses, so merkwürdig dies auf den ersten Blick auch scheinen mag. Es kann der Frömmste nicht in Frieden leben . . . Auch der Bankier trägt seinen Teil dazu bei. Und die Wichtigsten in Ihrer materiellen Welt rund ums Haus sind Sie und Ihr Partner selbst. Was taugen Marmorbad und Holzvertäfelungen, was nützen solide Mauern und warmer Teppichboden, wenn Sie beide nicht alles dafür tun, Ihr Haus mit Liebe, Freude und Harmonie zu erfüllen, um Dach, Mauern, Wände und Einrichtung zu einem *Heim* werden zu lassen?

Sie sehen, *materielle Welt* bedeutet wirklich Geben und Nehmen. Dieser Begriff beinhaltet ein äußerst fein und kompliziert geknüpftes Netz von Beziehungen der verschiedensten Art zwischen Ihnen, Ihren Mitmenschen und unzählbar vielen Dingen in Ihrer näheren und weiteren Umgebung.

As der Münzen

Eine Hand reicht eine Münze aus den Wolken. Diese Münze ist für Sie bestimmt als den selbstbewußten, voller Vertrauen steckenden Menschen als Magier, der damit etwas anfangen, etwas schaffen will.

Der Ort der Handlung – ich setze voraus, daß Sie die Münze nicht zurückweisen, sondern handeln wollen – ist die materielle Welt, wie

Wann befrage ich den Satz der Münzen?

In allen Angelegenheiten, die in irgendeiner Weise der handfesten materiellen Welt zugehören:

- finanzielle Angelegenheiten,
- berufliche Fragen,
- Angelegenheiten, die Ihre Existenz direkt berühren, beispielsweise die Gründung eines Heimes, ein Wohnortwechsel, das Eingehen einer finanziellen Partnerschaft.

Bei Fragen, die nicht nur den finanziellen Bereich betreffen, empfiehlt es sich, zusätzlich (aber getrennt) den überdies angesprochenen Satz zu befragen, zum Beispiel den der Kelche (Gefühle) oder den der Stäbe (berufliche Fähigkeiten).

wir sie eben beschrieben haben. Im Rider-Waite-Tarot ist dies sehr schön symbolisiert durch den Garten mit den Lilien und den Rosen des Magiers, der begrenzt wird von einer Hecke mit einem Tor, das geradezu auf Sie wartet. Hier müssen Sie durchgehen, um in der Welt mit der Münze handeln zu können.

Divinatorische Bedeutung: Anpacken, Wollen, Handeln im Rahmen der materiellen Welt, Selbstvertrauen in materiellen Dingen, Geschick, günstige Aussichten, Chancen für Wohlstand (nicht nur in Hinsicht auf Geld) und gutes Lebensgefühl in Ihrer Welt, Übereinstimmung von Können und Wollen, *begründeter* Optimismus. Die Verwirklichung von Plänen und Absichten liegt im überaus realistischen Bereich, denn jedes Ziel, das Sie als erstrebenswert und günstig ansehen, ist für Sie erreichbar.

Hinweis: Eindringlich möchte ich darauf hinweisen, daß das As nicht *zwingend* das Erreichen Ihres Zieles ansagt, sondern lediglich auf die überaus günstigen Aussichten und Voraussetzungen dafür hinweist, denn der Magier, zu dem ja auch das As der Münzen gehört, steht erst am Anfang seines Weges in der materiellen Welt! Bitte vergessen Sie dies nicht, sonst drohen Ihnen falsche Entscheidungen und Fehlverhalten.

Beispiel: »In meiner Firma wurde mir gestern eine Beförderung angeboten, verbunden mit einer Versetzung in eine andere Abteilung. Soll ich dieses Angebot annehmen, auch wenn ich (nicht zuletzt wegen meiner Jugend) Rivalitäten der neuen Kollegen fürchte?« Gezogen hat der Fragesteller das As der Münzen. Antwort: »Nehmen Sie die Herausforderung an, doch hüten Sie sich vor der Meinung, alles werde sich von allein zum Besten wenden. Sie müssen selbst um Ihre Behauptung in der neuen Abteilung kämpfen, die Voraussetzungen hierfür sind erfüllt, stellen Sie sich also der Aufgabe!«

II Münzen

Zugehöriges großes Arkanum: Gerechtigkeit (Karte VIII)
in Verbindung mit der Münze.

Diese Karte bezeichne ich gerne als *Joker*, allerdings in einer völlig anderen Bedeutung. Während im Kartenspiel der Joker, entwickelt aus dem Narren des Tarot, für jede beliebig andere Karte eingesetzt werden kann, also den Weg *freimacht*, gebietet der Joker II Münzen *halt*!

Bitte warten Sie, sagt diese Karte, irgend etwas stimmt nicht, muß noch überdacht werden, ist nicht ausgereift. Es grüßt die »Gerechtigkeit« der Karte VIII aus den großen Arkana, also der Zwang, die Notwendigkeit, Entscheidungen zu treffen.

Divinatorische Bedeutung: Handeln Sie nicht vorschnell. Nehmen Sie sich Zeit, anstehende Entscheidungen zu überdenken und eventuell abzuändern. Denken Sie nochmals in Ruhe nach, trennen Sie Gutes von Schlechtem. Vielleicht wollen Sie zuviel oder zuwenig oder das Falsche. Bleiben Sie ruhig und nüchtern. Lassen Sie sich nicht zu etwas zwingen, aber zwingen Sie sich auch nicht selbst übereilt, sonst drohen Unstimmigkeiten und Schwierigkeiten.

Hinweis: Da wir alle nicht vollkommen sind, neigen wir oft dazu, dem Tarot vorschnell eine Frage zu stellen, die entweder nicht gänzlich durchdacht ist oder beträchtlich an dem vorbeischießt, was wir eigentlich wissen wollen. Dann erscheint sehr häufig die Karte II Münzen:

»Halt, keine Antwort, nachdenken, nächster Versuch.« Bitte geben Sie dann nicht auf, sondern sammeln Sie sich und ziehen Sie in Ruhe eine neue Karte.

Beispiel: Am Ende einer Befragung über verschiedene Bereiche (Finanzen, Eheleben, Gefühle und mehr) wollte der Betreffende noch ganz schnell wissen: »Bin ich nun eigentlich glücklich?« Als Antwort erhielt er die II Münzen. *Bitte bleiben Sie bei allem, was Sie tun, auf dem Boden!*

III Münzen

Zugehöriges großes Arkanum: Der hängende Mann (Karte XII)
in Verbindung mit der Münze.

Kopfunter, als hängender Mann, hat der Mensch die einmalige Gelegenheit, sich für eine kurze Zeit von allen Zwängen zu befreien, sich zu lösen, die Welt aus einer anderen Perspektive zu betrachten und so neue Eindrücke zu sammeln, neue Ideen, neue Pläne zu schmieden. Nun haben Sie sich mittlerweile wieder aus der Fußschlinge gelöst, stehen aufrecht und machen sich frisch an die Verwirklichung des Neuen, welches natürlich auf dem Alten basiert, also auf Ihren früheren Erfahrungen, Ansichten und Plänen.

Im Rider-Waite-Tarot ist diese Aussage hervorragend bildlich umgesetzt. Der Baumeister steht auf einer Bank, auf der er sich vielleicht eben ausgeruht hatte, und schickt sich an, sein Werk weiter zu vollenden.

Divinatorische Bedeutung: Sicheres Fundament; praktisches Wissen und Erfahrungen, auf denen Sie aufbauen können und sollen; Geschick im Umgang mit den Dingen und Aufgaben der materiellen Welt. Ihr Plan hat eine solide Basis. Verfolgen Sie Ihr Vorhaben in bewährter Weise weiter, zeigen Sie Selbstvertrauen, denn Sie haben »jeden Grund« dazu. Haben Sie keine Angst vor Erschütterungen und Unwägbarem, denn Sie und das Werk, welches Sie bis jetzt geschaffen haben, verfügen über ein nicht unerhebliches Maß an Stabilität. Die materielle Welt, die Sie unmittelbar umgibt, ist gut fundiert, nicht zuletzt durch Sie selbst.

IV Münzen

Zugehöriges großes Arkanum: Der Turm (Karte XVI) in Verbindung mit der Münze.

Türme kennen Sie als Symbol des Strebens: hoch und immer höher hinaus. Gleichzeitig stehen sie als Zeichen für einen Schutz, den wir wünschen, erstreben, ersehnen, den wir dringend benötigen gegen so manche Fährnisse. Von einem Turm aus haben wir den nötigen Überblick, freie Sicht rundum. In ihm, beschützt von seinen dichten, »wehrhaften« Mauern, können wir uns so richtig wohlfühlen, geborgen. Allerdings können gerade diese Mauern und eine dicke, womöglich verriegelte Tür auch dazu beitragen, uns von unserer Umwelt, unseren Mitmenschen abzukapseln.

Hier nun, im kleinen Geheimnis der Karte IV Münzen ist der Turm fest verankert, was durch das Zeichen der Münze zum Ausdruck kommt. Er steht sicher und fest, er wackelt nicht, er droht nicht jeden Moment einzustürzen. Vergessen Sie jedoch die Warnung nicht, die in dieser Karte enthalten ist. Falls Sie der Versuchung erliegen (und dies scheint oft verlockend), allein Ihr Streben, Ihren Turm mit all seinen Mauern, mit allem, was darin wohnt und gelagert ist, für *das allein Seligmachende* zu halten, dann laufen Sie große Gefahr, den *Blitz* herauszufordern, der die Krone Ihres Turmes wegfegt und Sie stürzen läßt.

Divinatorische Bedeutung: Haben, halten, fest ruhen, gute Basis in der materiellen Welt, Sicherheit, gesichert und geschützt sein. Ihrem Vorhaben, Plan oder Streben ist bereits Erfolg beschieden (oder es wird erfolgreich sein, je nach Stand der Dinge). Verfolgen Sie Ihre Linie weiter; Sie verfügen über eine starke Basis und einen soliden Überbau.

Bitte beachten Sie jedoch: Bleiben Sie nicht zu sehr in materiellen, rein irdischen Dingen verhaftet, sonst bekommt die Karte IV Münzen einen überaus bitteren Beigeschmack: Geizhals, Haben um des Habens willen, Unfähigkeit zu teilen, »Raffer«. Sie haben die Wahl. Entweder Sie haben, erhalten, mehren und streben in vernünftiger Weise, oder Sie reißen an sich, raffen, verknöchern hinter zu dicken Mauern und stürzen letztlich.

Beispiel: »Mein Mann ist durch einen Verkehrsunfall zum Invaliden geworden und verlangt nun von mir, meinen Second-hand-Shop aufzugeben, den ich während der letzten Jahre zu Hause, also neben-

bei, mit großem Erfolg aufgebaut habe. Mein Mann war vor seinem Unfall beruflich äußerst stark engagiert und sehr oft verreist; nun verlangt er von mir ausschließliche Pflege rund um die Uhr.« Antwort IV Münzen (in diesem Fall wurde übrigens auch noch der Satz der Kelche befragt): Betreiben Sie Ihren Laden weiter, versuchen Sie aber dennoch, Ihrem Mann die erforderliche Aufmerksamkeit und Pflege zukommen zu lassen. Schließen Sie ihn weder aus noch in seinem Zimmer ein. Beteiligen Sie ihn, soweit dies möglich ist, an dem Betreiben des Geschäftes, beziehen Sie ihn also mit ein. So erhält auch er ein wenig neuen Lebensinhalt, eine – wenn vielleicht auch noch so kleine – neue Aufgabe.

V Münzen

Zugehöriges großes Arkanum: Gericht (Karte XX) in Verbindung mit der Münze.

Sie sind auf dem falschen Weg. Sie sind in einer äußerst fatalen Situation; ziehen Sie unbedingt alle nötigen Konsequenzen!

Die Karte XX Gericht fordert von Ihnen unabdingbare Rechenschaft, Ehrlichkeit, Aufrichtigkeit. Sie sollen Rechenschaft ablegen gegenüber sich, Ihren Mitmenschen und der Welt ganz allgemein. Sicherlich ist dies nicht zu erreichen, wenn Sie an der Münze kleben, also an allem Materiellen, an den irdischen Dingen. Im Gegenteil: von diesen sollen Sie sich im »Gericht« ja lösen, um zu einer höheren Bewußtseinsstufe zu gelangen. Bildlich gesprochen bleiben Sie aber jetzt, in dem Moment, wo Sie die Karte V Münzen ziehen, in Ihrem symbolischen Sarg liegen. Also Deckel auf, weg mit der Münze und *ehrlich, aufrichtig* sein!

Divinatorische Bedeutung: Störung, Verunsicherung, Fehlen der notwendigen Harmonie. »Nichts paßt.« Bitte beachten Sie, daß diese größte Störung nicht zwingend mit Ihrer finanziellen Situation zu tun hat. (Vielleicht liegt der Grund gerade darin, daß Sie in Ihrem finanziellen Wohlstand mittlerweile wirklich das Goldene Kalb sehen und darüber alle anderen Dinge des Lebens allzu bereitwillig vergessen.) Auch sagt diese Karte zum Beispiel *nicht* unbedingt, daß Ihre Partnerschaft zerbrochen *ist,* sondern weist auf eine große Störung hin, die im weiteren Verlauf der Dinge zu einem Bruch führen *kann* oder *wird.*

Zusammenfassung: V Münzen zeigt nicht notwendigerweise Ruin, Not, Verarmung und Unglück an, sondern lediglich eine Störung in Ihnen, in Ihrer materiellen Umwelt, die durchaus zu Ruin, Not, Verarmung und Unglück führen kann, wenn Sie nicht unverzüglich die erforderlichen Gegenschritte unternehmen. Streuen Sie in einem solchen Falle also nicht Asche auf Ihr Haupt, lassen Sie sich nicht hängen, geben Sie nicht auf, sondern denken Sie intensiv nach, was der Grund für die Störung ist, was Sie tun können, und handeln Sie dann entsprechend. Erliegen Sie dabei nicht der Versuchung, den Grund für diese Störung nur bei den anderen zu suchen. Wenn Ihr Partner Sie betrügt, kommt V Münzen erst dann zum Vorschein, wenn Ihre Partnerschaft dadurch bereits gestört ist. In diesem Stadium haben Sie aber auch bereits ein gerüttelt Maß an »Störung«

beigetragen, gewissermaßen als Antwort auf das Fehlverhalten Ihres Partners Ihnen gegenüber.

VI Münzen

Zugehöriges großes Arkanum: Die Hohepriesterin (Karte II) in Verbindung mit der Münze.

Die Hohepriesterin steht als Symbol für klaren Kopf, für Verstand, Analyse, Klugheit und kühles Nachdenken. Ja oder Nein, Weiß oder Schwarz, das ist für sie keine Frage von Gefühlen, sondern ausschließlich eine Angelegenheit des Verstandes. Das ist sicherlich keine schlechte Sache, wenn es um materielle Dinge geht. Freilich ist auch die Hohepriesterin nicht völlig bar jeglicher Gefühle, sondern hält sich nur momentan zurück, um eine glasklare Entscheidung nicht zu gefährden. Dies gibt der Karte VI Münzen eine gewisse Wärme.

Divinatorische Bedeutung: Im Lot sein, die materiellen Angelegenheiten nüchtern und klar einschätzen, sich nichts vormachen lassen, einen kühlen Kopf bewahren, die rechte Distanz wahren, sich nicht »unterkriegen« lassen, stabiler Zustand, der Erschütterungen durchaus verträgt; die Fähigkeit, negative wie auch positive Einflüsse der Umwelt zu erkennen; Ruhe, Ausgeglichenheit, Stärke (allerdings nicht im Handeln, sondern im Erkennen und Durchdenken), Gelassenheit, Autorität.

Hinweis: Nach meinen Erfahrungen zeigt sich die Karte VI Münzen oft dann, wenn es bei einem Menschen darum geht, anderen von sich zu geben – in jeglicher Hinsicht, auch im finanziellen Bereich, sei es aus Notwendigkeit, sei es aus Großzügigkeit. Dies beinhaltet eine unübersehbare Mahnung: Lassen Sie sich nicht von Gefühlen überschwemmen, sondern tun Sie das *Notwendige* oder das *Richtige,* was Sie eben als notwendig oder recht erkannt haben. Achten sie auch im Geben auf die Trennung von Schwarz und Weiß, von Böse und Gut. Gleiches gilt selbstverständlich auch für das Nehmen!

VII Münzen

Zugehöriges großes Arkanum: Die Liebenden (Karte VI) in Verbindung mit der Münze.

Diese Karte bereitet manchen Autoren, die sich mit Tarot befaßt haben, Schwierigkeiten. »Einfallsreichtum, Wachstum, harte Arbeit, Fortschritt« schreibt der eine, »unerfüllter Erfolg« der andere. Die Liste ließe sich beliebig fortsetzen; auf Quellenangaben verzichte ich aus verständlichen Gründen bewußt. Leider gibt es für den uralten Tarot eben keine allgemeingültige Deutung, kein »Standardwerk«, auf welches man sich getrost berufen könnte. Die Deutung des Tarot ist in erster Linie eine Frage der persönlichen Erfahrung, des Erlebens.

Die Lösung dieser Unstimmigkeit ist eigentlich einfach. Die Karte VI Die Liebenden steht natürlich für die Liebe, so wie wir alle sie begreifen. Sie enthält jedoch noch weit mehr. Sie ist ein Symbol für unser Leben, für den Lebensweg, den wir alle gehen. Unseren Lebensweg nun sieht der Tarot in der Karte VII Münzen ganz direkt bezogen auf die materielle Welt, unsere »direkte« Welt. Wir sind *seßhaft* geworden, haben »unser Leben« gefunden, unser Heim, unsere Aufgaben, unsere Freunde, aber auch unsere Gegner. In diesem ganz realistisch gesehenen Leben gibt es, wie wir alle wissen, Wachstum, harte Arbeit, Fortschritt oder unerfüllten Erfolg. Einfallsreichtum ist uns gegeben, und er ist dringend erforderlich. »Wie das Leben so spielt.« Nichts anderes sagt die Karte VII Münzen.

Divinatorische Bedeutung: Leben, gedeihen, wachsen, Erfolg, Rückschläge. Der natürliche Lauf des Lebens. Bildlich gesprochen: Auf den Winter folgt der Frühling, auf den Sommer freilich auch der Herbst. Die einen lieben den Winter, die anderen fürchten sich vor ihm.

Hinweis: Diese Karte ist erstaunlich vielfältig in ihrer Bedeutung – wie das Leben. Deshalb weigere ich mich, ihre Bedeutung in mehr als einige wenige Worte zu fassen, die Sie zum Nachdenken anregen sollen. Hier sind Sie selbst gefordert, Ihre Intuition. Überwiegend jedoch zeigt sich die Karte VII Münzen dort, wo Menschen mit dem, was in ihrem Leben augenblicklich vor sich geht, nicht ganz zufrieden sind. »Ich habe mir mehr erhofft.« »Ist das alles?« »Wie wird es weitergehen?« Die Antwort lautet: Lassen Sie Ihrem Leben den natürlichen Lauf. Versuchen Sie nicht zu erzwingen, was unmöglich ist – über-

haupt, im Moment oder in der nächsten Zeit. Lassen Sie Ihr Leben wachsen. Säen Sie, auch wenn gelegentliche Stürme die Ernte zunichte machen. Leben Sie in Einklang mit Ihrer Umwelt und Ihren Mitmenschen. Seien Sie gewappnet gegen Regentage, Stürme und Unwetter. In jedem Falle sind Sie nicht allein, denn große Liebe ist mit Ihnen und in Ihnen.

VIII Münzen

Zugehöriges großes Arkanum: Rad des Lebens (Karte X)
in Verbindung mit der Münze.

Die Karte X der großen Arkana zeigt das Auf und Ab unseres Lebens überdeutlich. Wir alle erfahren es täglich. *Böse Kräfte* ziehen unser

Lebensrad nach unten, zum Schlechteren hin. *Gute Kräfte* heben es an, zum Besseren hin. Bitte stellen Sie sich diesen Vorgang durchaus realistisch vor: Ihr Lebensrad, ein Rad unter vielen, »donnert« einen holprigen Feldweg entlang, und Sie balancieren obenauf und bemühen sich, die Balance zu halten.

In der Karte VIII Münzen haben Sie damit Erfolg. Ihr Lebensrad ist verhaftet und verankert in der materiellen Welt, es ruht in ihr. Mehr noch: Die notwendige Fortbewegung Ihres Rades, ohne die Ihr Leben erstarren, immer an ein und derselben Stelle verharren würde, geschieht in einer lenkbaren, kontrollierbaren Weise – ruhig, vielleicht manchmal ein wenig zu gemächlich, aber Sie kommen nicht unters Rad und heben auch nicht ab. Sie verlieren sich nicht in luftigen Höhen von unerreichbaren Zielen, von nicht realisierbaren Plänen. Sie steigen nicht auf, aber Sie stürzen auch nicht ab.

Divinatorische Bedeutung: Verankert, geordnete Bahnen. Ihre Partnerschaft, Ihr Plan, Ihr Vorhaben läuft (oder wird laufen) in ruhiger, bodenständiger Weise. Fleiß, Schritt für Schritt, Münze für Münze, keine Luftschlösser, bedächtig, solide, ohne größere Überraschungen. Sie werden in jeder Lage Herr der Situation bleiben. Nichts kann Sie so schnell aus der Ruhe bringen. Klug, vernünftig, der entsprechenden Situation gerecht, gesichert.

Beispiel: »In den letzten Jahren habe ich zusammen mit einem Partner ein Geschäft aufgebaut. Momentan laufen die Geschäfte etwas schlechter. Muß ich mich aufregen?« Antwort VIII Münzen: »Ihr Geschäft ist solide. Bitte lassen Sie sich nicht zu vorschnellen Schlußfolgerungen hinreißen. Betreiben Sie es fleißig und beständig weiter. Erwarten Sie jedoch keine Wunder, zum Beispiel einen plötzlichen Geldsegen. Schrauben Sie gegebenenfalls Ihre Erwartungen auf ein vernünftiges Maß herunter, dann werden Sie nach und nach Erfolg haben.«

IX Münzen

Zugehöriges großes Arkanum: Mischung (Karte XIV)
in Verbindung mit der Münze.

Die alte Tugend der Mäßigung scheint heutzutage etwas aus der Mode gekommen zu sein. In der Liebe, in der Partnerschaft wollen viele entweder immer mehr und mehr oder immer weniger und weniger, nur

das, aber nicht *jenes.* Nur das eine kann genauso falsch sein wie nur das andere. Deshalb mahnt der Tarot jeden von uns zu *mischen:* Gut und Böse, links und rechts, Wasser und Wein. Nur so, sagt der Tarot, erreichen wir Menschen das richtige Maß, welches uns den richtigen Weg gehen und das richtige *Ziel* erkennen läßt.

In der Karte IX Münzen ist diese Aufgabe größtenteils bewältigt. Das Mischen, welches in erster Linie eine Forderung an unseren Geist war, zeitigt sein Resultat, das Ergebnis in der materiellen Welt. Das richtige Maß ist hier und jetzt gefunden. Aus den Kelchen des großen Arkanums der Karte XIV sind die beiden Bäume des kleinen Arkanums der Karte IX Münzen geworden; das richtige Maß hat Einzug in Ihre Welt gehalten.

Divinatorische Bedeutung: Richtig bemessen, den richtigen Weg gehen. (Wenn Sie bei einer Befragung dieses Ergebnis erzielen, so gibt es Ihnen in jedem Fall Anlaß, beruhigt durchzuatmen und sich – ein klein wenig – zu freuen.) Voller Bedacht, »durchdacht«, handeln, geduldig sein. Sie haben sich nicht in die Irre leiten lassen. Sie wahren Ihre Chancen. Mit dem, was Sie tun oder vorhaben, schießen Sie nicht übers Ziel hinaus. Zielstrebig handeln, ohne dabei verkrampft zu sein; auf dem richtigen Kurs sein, den Boden nicht unter den Füßen verlieren, ruhig, gelassen, *richtig.*

Hinweis: Wenn Sie diese Karte ziehen, haben Sie also viel Grund zur Freude. Bedenken Sie jedoch: Sie dürfen nicht stehenbleiben, sich nicht auf irgendwelchen Lorbeeren ausruhen, sondern Sie sind gefordert, unter Mitnahme all Ihrer bisher gewonnenen Erfahrungen und Einsichten weiterzugehen.

X Münzen

Zugehöriges großes Arkanum: Der Mond (Karte XVIII) in Verbindung mit der Münze.

Nun dürfen Sie sich nicht in die Irre führen lassen. Die Karte Der Mond steht in der Bildersprache des Tarot zwar (auch) für Täuschung, Irreführung, Luftschlösser, doch sind darauf auch zwei Türme abgebildet als Symbole für Ihre materielle Welt. In diesen Türmen, Ihrem Heim schlechthin, leben Sie, sollen und müssen Sie leben, ohne sich freilich von äußeren Einflüssen abzusondern.

Gerade der Schutz, den diese Türme Ihnen bieten, falls Ihre geistigen Voraussetzungen (»Bewußtsein«) dafür vorhanden sind, verhindert ja, daß Sie Illusionen und leeren Versprechungen nachjagen oder – das andere Extrem – in dumpfer Verzweiflung versinken. Sie sollen sich vor *Irreführung* schützen und schützen lassen.

Symbol dafür ist der »goldene Mittelweg«, der sich durch die Karte schlängelt. In seiner Grundbedeutung ist er verwandt mit dem Zeichen der Münze. Also bedeutet die Karte X Münzen (Irreführung/Münze = goldener Mittelweg), daß Sie den Verlockungen der Illusionen wie auch dem Ruf widerstehen, sich haltlos im See der Verzweiflung, des Nichtstuns und Nichtswollens treiben zu lassen. Sie sind also gesichert, Sie fußen voll und ganz in der materiellen Welt.

Divinatorische Bedeutung: Heim, Wohlstand (nicht nur im finanziellen Bereich!), Sicherheit, Wohlergehen, Reichtum in seiner weitesten Bedeutung. Bitte beachten Sie jedoch: Es geht hier nicht um einen statischen, abgeschlossenen, für alle Zeit gefestigten, unerschütterlichen Zustand des Wohlergehens, der sich abschirmt von allen äußeren Einflüssen. Dieser Bewußtseinszustand gewinnt seinen Reichtum eigentlich erst durch den unablässigen Austausch von fruchtbaren Kräften zwischen Ihnen, Ihrer Umwelt und umgekehrt. Lassen Sie es mich umschreiben mit dem Begriff »Handel und Wandel«. Erst durch diese Offenheit des Gebens und Nehmens gewinnt die Karte X Münzen ihre ungeheure Stabilität und den großen Schutz gegen unvorhersehbare Gefahren. Denken Sie an die Wurzel eines Baumes, und Sie haben den treffenden Vergleich.

Der Satz der Schwerter

Die Gefahren

Gestatten Sie mir eine persönliche Bemerkung: Der Satz der Schwerter ist mir unheimlich; ich scheue ihn und benutze ihn auch kaum für meine Divination. Das ist meine persönliche Meinung, wohingegen der Tarot übergreifenden Charakter hat. Seine Bildersprache kennt kein *Gut* oder *Böse;* sie zeigt uns Schwarz und Weiß, die *Möglichkeiten*, die *Wege* und die *Gefahren*.

Schwarz wird erst durch seine Wirkung auf uns zu Böse, Weiß erst durch diesen sehr intimen Prozeß der Zwiesprache mit dem Tarot zu (möglicherweise) Gut. Die Werte, Symbole und Aussagen des Tarot beziehen sich auf Fragen, die von Zeit und Personen unabhängig sind, und sie geben ebensolche Antworten. Erst durch ihre Wirkung auf uns gewinnen sie faßbare Gestalt, zwingende Realität in und für unsere greifbare Welt.

Das natürlichste Satzsymbol in der Bildersprache des Tarot ist zweifellos der Stab. Denken Sie an einen Baum. Sein Stamm (der Stab) ist im Boden verankert durch die Wurzeln, aus ihm sprießt Leben – die Zweige, die Äste, die Blätter, die Blüten. In diesem strengen Sinne ist ein Kelch bereits nicht mehr natürlich. Menschen müssen ihn entdekken (eine halbe Kokosnuß etwa) oder formen (aus Ton oder Metall). Bei der Münze ist es gar nicht so wichtig, daß sie genormt (Geld) oder entdeckt werden muß (beispielsweise Muscheln, die bei manchen primitiven Völkern als Zahlungsmittel benutzt werden). Weit bedeutender ist hier, daß die Münze als Symbol für unsere materielle Welt steht und daß diese materielle Welt nicht mehr der uns gegebene Garten Eden ist, sondern eine von uns Menschen durch unseren Willen und unsere Werkzeuge geformte und gestaltete Welt.

Lassen Sie mich kurz zusammenfassen: Der Stab ist natürlich und fruchtbar, der Kelch gefühlvoll, die Münze eine gestaltete Form.

Nun das Schwert: Es ist ein Werkzeug, das der Mensch geformt hat, nicht um damit einer natürlichen Fruchtbarkeit Vorschub zu leisten, nicht, um damit Gefühlen Ausdruck zu verleihen und nicht als Symbol für eine fruchtbar gestaltete Umwelt. Das Schwert wurde geschaffen, damit der Mensch mit seiner Hilfe erreichen kann, was er erreichen will – *Aufbau* oder *Zerstörung*. Das Schwert ist das Werkzeug schlechthin für den unbändigen, zielgerichteten Willen des Menschen, für *Aufbau* und *Zerstörung*. Zum *Erhalten* und *Bewahren* taugt das Schwert äußerst schlecht. Aus diesem Grund ist mir der Satz der Schwerter unsympathisch.

Legen Sie den Satz der Schwerter aus dem Rider-Waite-Deck vor sich aus. Hier haben Sie den »Weg der Schwerter« sehr klar bildlich ausgedrückt – vom Ergreifen des Schwertes (As) über die verschiedenen Stationen, die Sie gleich kennenlernen werden, bis zum Erwachen aus einem bösen Traum (IX Schwerter) und dem anschließenden symbolischen Tod (X Schwerter). Selbstverständlich ist niemand gezwungen, diesen Weg zu beschreiten. Es ist jedoch in jedem Fall hilfreich, das ganze Ausmaß der Gefahren, die der Tarot hier unmißverständlich aufzeigt, zu sehen und zu begreifen.

As der Schwerter

Wenn Sie das Schwert ergreifen, so ist dies Ihre – freie – Entscheidung. Ihre Umwelt wird daraus schließen, daß Sie irgend etwas *erreichen* wollen, nicht durch Säen, durch allmähliche Veränderung, sondern durch zielgerichtete Handlungen, die unter Umständen gewisse Rücksichten vermissen lassen. Sie streben ein Ziel also nicht durch fruchtbares, veränderndes Wachstum, sondern durch möglicherweise recht »rabiate« Handlungen an, die wahrscheinlich sogar darauf abzielen, Bestehendes zunächst einmal zu zerstören. Ihr Ziel erscheint auf der Karte des Rider-Waite-Tarot symbolisiert durch die goldene Krone.

Unter diesen Umständen darf es Sie nicht wundern, wenn Ihre Umwelt, Ihre Mitmenschen auf Distanz zu Ihnen gehen, sehr vorsichtig sind, Sie vielleicht sogar meiden. Das Schwert erzeugt Mißtrauen, oft Furcht. Bitte denken Sie ein wenig über folgende Fragen nach:

- Ist das Schwert tatsächlich das einzig richtige Werkzeug?
- Ist das Schwert gerechtfertigt, wenn nur ein klar umrissenes Ziel vorhanden ist?
- Wie beurteilen Sie – rein gefühlsmäßig und möglichst unvoreingenommen – Menschen, die das Schwert in die Hand nehmen?
- Welche Gedanken tauchen in Ihnen auf, wenn Sie sich gefühlsmäßig in das Symbol des Schwertes vertiefen?

Wann befrage ich den Satz der Schwerter?

In allen Angelegenheiten, bei denen Sie die Gefahren Ihres bisherigen, jetzigen oder künftigen Tuns klar sehen möchten.

In diesem Satz geht es nicht um die Möglichkeiten, Ziele zu erreichen, sondern vielmehr um die Gefahren, die das Erreichen Ihrer Ziele vereiteln könnten, oder aber um Ziele, die anzustreben für Sie gefährlich wäre.

Bitte beachten Sie bei jeder Befragung des Satzes der Schwerter, daß der Tarot kein endgültiges Urteil über Sie und Ihr Verhalten fällt – und mag seine Aussage noch so schwarz sein –, sondern Ihnen stets das Recht auf korrigierende Entscheidungen zubilligt.

– Gibt es überhaupt ein Ziel, für das es sich letztlich lohnt, zum Schwert zu greifen?

Divinatorische Bedeutung: Ziel, Kampf, aufbauen – zerstören/zerstören – aufbauen. Das Ziel kann nur erreicht werden, indem Bestehendes und möglicherweise Verkrustetes aufgebrochen und zerschlagen wird. (Bitte überlegen Sie sich: Ist Ihr Ziel diese Handlungsweise, die für Sie selbst wie auch für andere möglicherweise überaus hart und schmerzlich sein kann, wirklich wert, oder gibt es andere Möglichkeiten?) Aggression, Entschlossenheit, große Aggressivität im Denken und Handeln. Eine Lebensphase, die von Auseinandersetzung und Härte bestimmt ist, die ertragen werden müssen um des Zieles, der Absicht willen.

Hinweis: Lassen Sie sich nicht verführen. Partnerschaften werden sicherlich sehr oft (wenn nicht sogar ausschließlich, wie beispielsweise im beruflichen Bereich) eines Zieles wegen begründet, doch besteht eine Partnerschaft eben nicht nur in einer Ansammlung von zielgerichteten Handlungen. Es gehört und kommt im Laufe der Zeit ein gerüttelt Maß mehr hinzu, zum Beispiel im Gefühlsbereich.

Und noch eine Warnung: Viele Menschen jubeln fast, wenn die Karte As der Schwerter auftaucht, und sagen sich: Auf in den Kampf! Doch sagt diese Karte über den *Erfolg*, den *Ausgang* des Kampfes überhaupt nichts aus, denn, wie wir wissen, steht der Magier erst am Anfang des Weges. Schon viele haben zu früh gejubelt.

II Schwerter

Zugehöriges großes Arkanum: Der Herrscher (Karte IV)
in Verbindung mit dem Schwert.

Immer wieder begeistert mich, wie faszinierend und logisch das Gedankengebilde des Tarot, wie ausdrucksstark seine Bildersprache ist. Stellen Sie sich den Herrscher vor. Er sitzt auf seinem Thron und hat das Schwert in der Hand. Lange hat er geschuftet, um sein Reich aufzubauen und zu sichern, und nun sitzt er da und sinniert. Was nun? Falls ihm nicht in absehbarer Zeit etwas einfällt, bleiben ihm drei Möglichkeiten:

1. Er legt das Schwert beiseite, nimmt seinen Hut und geht.
2. Er bleibt sitzen und denkt weiter nach.
3. Er nimmt das Schwert, steht auf und beginnt zu zerstören, was er eben erst geschaffen hat.

Das Schwert hilft nicht nur, etwas aufzubauen und zu zerstören, es dient auch der *Abschreckung*. Ob damit dauerhafte Sicherheit erreicht wird, ist eine Frage, über die sich etwa die Militärexperten bereits seit Jahrzehnten streiten. Ohne andere Impulse werden Sie sich auch noch bis auf weiteres die Münder darüber heißreden. Der Tarot ist eben sehr aktuell.

Divinatorische Bedeutung: Schachmatt. Um weiter voranzukommen, können Sie den bisherigen Weg so nicht weiter verfolgen. Umdenken tut not. Die Phase des Aufbaus ist abgeschlossen. Um nicht zu erstarren, benötigen Sie neue Ideen und Impulse. Stillstand, Stagnation, auf der Stelle treten. Widerstreitende Kräfte sind zwar gebändigt, doch fehlt augenblicklich der Funken kreativer Kraft zum Fortschreiten. Für einen weiteren oder neuen Erfolg müssen Sie zwingend die eingefahrenen Geleise verlassen.

Hinweis: Bei der Interpretation dieser Karte fallen oftmals Ausdrücke wie Harmonie oder ausgeglichene Kraft. Wir empfinden dies spontan als positiv, doch werden wir damit der Karte nicht gerecht. Wenn bei einer Waage mit zwei Schalen beide gleich beladen sind, dann ist die Waage »ausgeglichen«, doch von einer »Harmonie«, über die wir uns von Herzen freuen könnten, ist dieser »Zustand der Ausgeglichenheit« möglicherweise meilenweit entfernt.

III Schwerter

Zugehöriges großes Arkanum: Die Liebenden (Karte VI)
in Verbindung mit dem Schwert.

Die Liebe gibt Ihrem Leben ungeheure Kraft, tiefe Wärme, unsagbar große Freude. Die Liebe ist – dies ist durchaus wörtlich zu nehmen – *der* Lebensspender schlechthin. »Ich bin nicht allein, ich spende Liebe, ich empfange Liebe, ich befinde mich im Einklang mit meinen Mitmenschen, mit meiner Umwelt.« So lautet die Hauptbotschaft des sechsten großen Arkanums. Und nun taucht das Schwert auf. Zerstört es die Liebe in Ihnen und um Sie?

In der Bildersprache des Abendlandes und des Tarot steht das Schwert auch als Symbol für den Geist des Menschen, freilich in seiner nüchternen Ausprägung. Hier geht es nicht um einen von Wärme, Verständnis und Güte durchsetzten Geist, der versteht und verzeiht, sondern um den Intellekt, den *glasklar analysierenden Verstand*. Es ist nicht der Verstand des Hierophanten (Karte V), sondern der der Hohepriesterin (Karte II) in der »reinsten« Form, die diesem Bewußtseinszustand überhaupt möglich ist: scharf denken, ganz exakt analysieren, haarscharf Weiß und Schwarz, Gut und Böse trennen und (diese Bedeutung ist sehr wichtig) wegschneiden, was zuviel ist. Auf Gefühle wird keine Rücksicht genommen. Erkennen Sie das Schwert?

Nun bitte ich Sie, die Bedeutungen des Schwertes, also zielgerichtetes Aufbauen, Abschrecken, Zerstören beziehungsweise Trennen, Wegschneiden, in Beziehung zu setzen zu der Liebe, zu einem offenen Lebensgefühl, das in harmonischem Einklang mit der Umwelt steht. Sicherlich spüren Sie das Resultat.

Divinatorische Bedeutung: Herzeleid, Gram, Kummer, Enttäuschung; Trauer um eine Harmonie in der Partnerschaft, einen wunderbaren Einklang, der verloren, verschwunden ist. Prüfen Sie in Ihrem Inneren, was dazu geführt hat; möglicherweise gelingt es Ihnen dadurch, die Partnerschaft neu zu beleben. Es geht hier nicht um Sorgen, die Ihr Herz vorübergehend, momentan belasten, sondern um einen Einschnitt in Ihrem Leben, der die Verbindung zu der Hand Ihres Partners unterbricht, sie abreißen läßt, unter Umständen für immer.

Hinweis: Wiederholt möchte ich Sie darauf hinweisen, daß der Tarot gerade in seinen »schwärzesten« Karten nie sagt, *so ist es*, aus und vorbei. Im Satz der Schwerter zeigt er die Gefahren auf, die Pein, den möglichen oder tatsächlichen Schmerz. Bitte, vergessen Sie nicht, daß es an Ihnen liegt, die richtigen Schritte zu unternehmen, um eine Wende zum Besseren zu erreichen!

IV Schwerter

Zugehöriges großes Arkanum: Gerechtigkeit (Karte VIII) in Verbindung mit dem Schwert.

Eine Möglichkeit, den Gefahren des Lebens und sogar jenen, die gerade durch das Schwert hervorgerufen wurden, zu begegnen, bietet der Tarot in dieser Karte. Sie sind überrascht?

Die »Frau Gerechtigkeit« des achten großen Arkanums trägt in der linken Hand steil hochgestreckt das Schwert als Symbol für den Geist des Menschen, der fähig ist zu strenger, klarer Analyse. In Verbindung mit dem Schwertsymbol der kleinen Arkana ermahnt Sie der Tarot also in der Karte IV Schwerter, Ihren Verstand glasklar zu gebrauchen, ihn zu nutzen. Kurz, Sie *sollen denken* und dann die richtigen Schlüsse ziehen und diese in die Realität umsetzen.

Verstehen Sie den Tarot bitte nicht falsch. Jetzt, in diesem Augenblick sollen Sie nicht wild mit dem Schwert um sich schlagen, sondern in aller Ruhe, fest verankert *denken*, mit Ihrem Verstand trennen und gegebenenfalls wegschneiden – nüchtern, ohne sich von Gefühlen übermannen zu lassen.

Divinatorische Bedeutung: Nachdenken, analysieren, Schwarz und Weiß trennen, die Gefühle kurz hintanstellen und dafür den Verstand an die erste Stelle setzen. In Ihrer Partnerschaft ist es an der Zeit, die *aktiven Handlungen* etwas ruhen zu lassen, um mit Ihrem Verstand Vergangenes zu verarbeiten und die Weichen zu stellen für das Künftige, um somit Fehlentwicklungen zu verhindern oder zu korrigieren. Äußere Ruhe, die Aktivität vollzieht sich in Ihrem Geist.

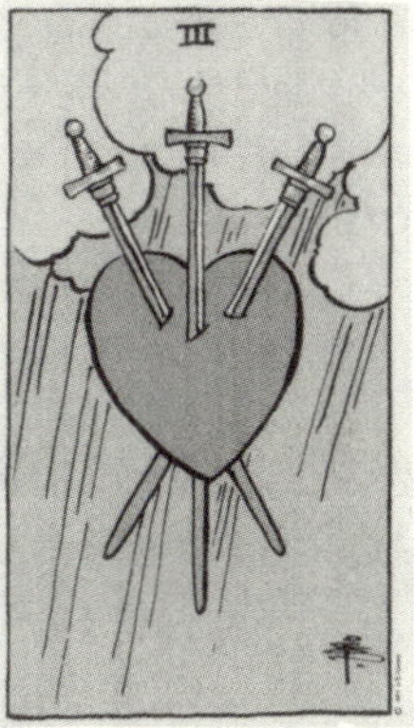

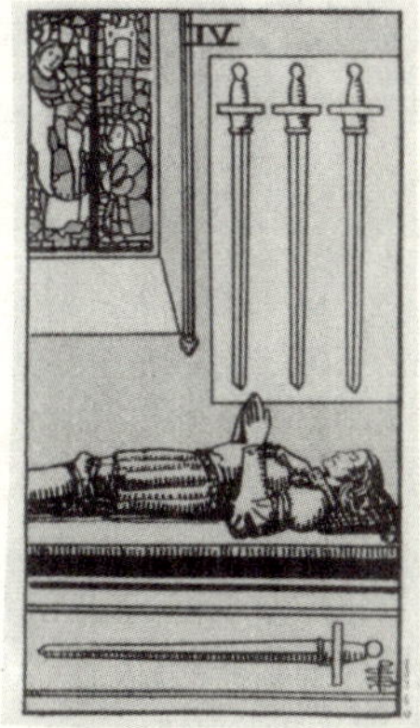

Hinweis: In der Literatur finden sich bei der Karte IV Schwerter häufig Hinweise wie »Ruhe nach der Auseinandersetzung« oder – was auf einer anderen Ebene der Betrachtung in die gleiche Richtung zielt – »Erholung nach einer Krankheit« und ähnliches. Dies deckt sich weder mit meiner Theorie noch mit der praktischen Erfahrung. Auseinandersetzungen finden in unserem Leben unablässig statt, täglich, fast möchte ich sagen minütlich. Für Krankheiten ist der Satz der Kelche zuständig. Bei der Karte IV Schwerter geht es nach meinen Erkenntnissen nicht um *einen* überstandenen Konflikt, sondern um ein *Innehalten* in der schier unendlichen Reihe der von uns zu bewältigenden Konflikte, darum, die Weichen richtig zu stellen – durch das Einschalten des Verstandes und eine damit verbundene kurzzeitige (und freiwillige!) Isolation von äußeren Zwängen. Ihre Probleme sind dadurch noch nicht gelöst. Diese Aufgabe steht Ihnen noch bevor.

V Schwerter

Zugehöriges großes Arkanum: Rad des Lebens (Karte X) in Verbindung mit dem Schwert.

Daß es in unserem Leben auf und ab geht, wird niemand bestreiten. Betrachten Sie die Karte X der großen Arkana: *Typhon*, die Schlange links versucht, das Lebensrad nach unten, also zum Bösen hin zu ziehen, währen die schakalköpfige Gottheit *Anubis* sich abmüht, das Rad nach oben zu heben, zum Guten hin. Unsere Aufgabe ist es nun, unseren Teil dazu beizutragen, um die Balance des Lebensrades zu halten, um ein haltloses Rotieren zu vermeiden: »Mein Leben darf kein Karussell sein, ich will mein Lebensrad steuern.« Dieses Ziel, ich rekapituliere kurz, ist zu erreichen, wenn jeder von uns zu einer Sphinx wird, diesem Symbol für die stabile und dauerhafte Vereinigung und Aktivierung der vier Elemente Feuer (Stab), Luft (Schwert), Wasser (Kelch) und Erde (Münze) in einer Person.

In dem kleinen Arkanum der Karte V Schwerter ist dieses Vorhaben offensichtlich nicht ganz geglückt. Der Mensch, dessen Lebensrad hier vor uns liegt, hat die Betonung auf das Schwert (Luft) des Geistes (trennen, wegschneiden), das Schwert des zielgerichteten Aufbauens, Zerstörens und Abschreckens gelegt. Die Balance, die ein Steuern des Lebensrades in Ruhe und Harmonie ermöglicht, ist hiermit nicht mehr gewährleistet.

Divinatorische Bedeutung: 1. Betonung auf dem Schwert als Symbol für den Geist: In Ihrer Partnerschaft vernachlässigen Sie das Bemühen um gemeinsame, fruchtbare Arbeit, die Gefühle als wärmende und (ebenfalls) fruchtbare Basis, die ein dauerhaftes Gedeihen ermöglichen, sowie das Streben nach fester Verankerung in Ihrer materiellen Welt. Sie ziehen sich in Ihren Geist zurück. Sie konzentrieren sich auf glasklare, vielleicht zu harte, unerbittliche Analysen, wobei die akute Gefahr droht, daß Ihr Lebensrad »abhebt«, haltlos zu kreisen beginnt und ohne stützende Hilfe durch Sie oder andere ins Trudeln kommt.

2. Betonung auf dem Schwert als Symbol für Aufbau, Zerstörung und Abschreckung: Wo es darauf ankommt, die Balance zu halten, greifen Sie zum Schwert und wollen durch Zerstören des Geschaffenen etwas aufbauen. Wo es gilt abzuwägen, möchten Sie zerschmettern, ohne Rücksicht auf Verluste. Es kann sein, daß Sie siegen. Sie können

freilich auch unterliegen. Sie können Ihr Lebensrad feurig voranpeitschen; Sie können es aber auch zum Sturz bringen. Bedenken Sie bitte, daß Sie möglicherweise fatale Folgen vermeiden können, indem Sie sich rechtzeitig *besinnen*.

VI Schwerter

Zugehöriges großes Arkanum: Der hängende Mann (Karte XII) in Verbindung mit dem Schwert.

Beneidenswert ist jeder Mensch, der es rechtzeitig versteht, sich in den Bewußtseinszustand des hängenden Mannes zu versetzen, sich kurzzeitig von allen Zwängen zu befreien, das Leben und nicht zuletzt sich selbst aus einer anderen Perspektive zu betrachten, von unten, kopfunter hängend, entspannt, ohne sich dabei etwas zu vergeben. Sie ist wirklich herrlich, diese schöpferische Pause.

Es gilt aber, sich beizeiten wieder aus diesem Kopfhang zu lösen, die *normale* Haltung einzunehmen und weiterzumachen, sein Leben weiter zu gestalten.

Der Tarot weist uns die fruchtbaren Wege, die wir gehen können, wenn wir nach der Ruhephase Stab oder Kelch in die Hand nehmen oder uns durch Ergreifen der Münze in unserer materiellen Umwelt verankern. Freilich, der Hängende, der eben seinen Fuß aus der Schlinge befreit hat, kann auch zum Schwert greifen. Sie haben sicherlich schon bemerkt, welches Unbehagen mir dies verursacht. Folgen Sie mir zu den Gefahren, die der Tarot im kleinen Arkanum der Karte VI Schwerter aufzeigt.

Divinatorische Bedeutung: Aufbruch zu einem Ziel, das Sie in jedem Fall erreichen wollen (!), wobei dieses Ziel nicht von vornherein klar umrissen sein muß. Aufbruch in unbekannte, möglicherweise sehr ferne Gefilde, wobei Ihnen Gefahren drohen, an denen Sie unter Umständen scheitern könnten. Verlassen von Heim, Geborgenheit, Sicherheit. Trotz aller Forschheit müssen Sie mit Schwierigkeiten rechnen. Achten Sie darauf, Ihre Erfahrungen nicht zu vergessen oder zu verdrängen, auf Ihre Gefühle zu hören. Entweder haben Sie sich bereits aus Ihrer Partnerschaft gelöst oder Sie beabsichtigen, Ihren Partner mitzunehmen, wohin Sie gehen wollen, ohne daß dieser es vielleicht wünscht. Vergessen Sie Vorsicht und Bedacht auf keinen Fall ganz.

VII Schwerter

Zugehöriges großes Arkanum: Mischung (Karte XIV) in Verbindung mit dem Schwert.

»Ich suche das rechte Maß«, sagt der Erzengel Michael auf der Karte XIV der großen Arkana und mischt in aller vitalen Kraft Wasser und Wein, Gut und Böse, links und rechts, um schließlich den richtigen Weg auf sein Ziel in weiter Ferne hin gehen zu können.

In der Karte VII Schwerter kommt nun das Schwert mit ins Spiel. Ersetzt dieses Werkzeug, das ja auch auf ein Ziel gerichtet ist, etwa die beiden Mischkrüge? Mischen mit dem Schwert? Nein, das ist wohl nicht möglich, denn das Schwert mischt nicht, es trennt (oder schneidet ab).

Wenn das Schwert nicht die Mischkrüge ersetzen und den Vorgang des Mischens weiterführen kann, was bewirkt es dann? Es schneidet den Strahl durch, der zwischen den Krügen hin- und herfließt, es beendet den Vorgang des Mischens – vielleicht zu früh. In jedem Fall nimmt der Mensch, der eben noch gemischt hat, das Schwert statt der Krüge in die Hand, dreht sich um und geht forsch und bestimmt auf sein Ziel zu. Das Mischen ist beendet, doch ist es zu Recht beendet?

Divinatorische Bedeutung: Die Zeit des Überlegens, des »Mischens« ist vorbei, Sie handeln nun. Neue Pläne, Vorhaben, Aufbruch in Richtung auf ein Ziel, wobei Sie dieses Ziel und den Weg zu ihm bestimmt haben – unter Umständen etwas vorschnell, ohne das rechte Maß und die rechten Mittel bedacht zu haben. Ihrem neuen Vorhaben opfern Sie vielleicht Bewährtes, Verluste nehmen Sie hier und jetzt in Kauf. Was Sie vorhaben und wie Sie es anpacken ist möglicherweise nicht »ausgegoren«, Ihre Partnerschaft könnte darunter leiden. Dies nehmen Sie in Kauf. Vergangenes und Gegenwärtiges erscheint Ihnen weniger wichtig, weniger interessant als das Zukünftige. Achten Sie darauf, daß Sie tatsächlich den richtigen Weg einschlagen. Nur so können Sie vermeiden, daß Sie einem äußerst unsicheren Erfolg entgegensteuern.

VIII Schwerter

Zugehöriges großes Arkanum: Der Turm (Karte XVI) in Verbindung mit dem Schwert.

Schon wieder bitte ich Sie, den Tarot äußerst wörtlich zu nehmen, sehr bildhaft: Sie bauen einen Turm, Sie streben also hoch; dies ist Ihnen gestattet, ja, es ist sogar erwünscht. Daß Sie dabei auf die nötige Verankerung achten sollten, versteht sich von selbst. Nun sitzen Sie in Ihrem Turm oder stehen auf seiner Plattform, das Schwert in der Hand. Dies ist die Ausgangssituation der Karte VIII Schwerter. Was nun?

Falls Sie das Schwert als Symbol für den Geist benutzen, ereignet sich in Ihrem Leben jetzt eigentlich nichts. Sie analysieren, trennen dies von jenem und jenes von diesem. Das ist ein passiver Vorgang, trotz aller geistigen Aktivität, der Sie weder in Ihrem realen Streben voranbringt noch sonst irgend etwas in und mit Ihrem Turm bewirkt. Unwillkürlich denkt man dabei an den Begriff des »Elfenbeinturmes«. Soll es so sein in Ihrem Leben, in Ihrer Partnerschaft?

Was bewirken Sie, wenn Sie das Schwert in diesem Fall als Symbol für Aufbau – koste er, was er wolle – betrachten? Sie kommen höher und immer höher, eigentlich nur, weil Sie immer nur höher kommen wollen. Warum eigentlich? Wo liegt hier der Sinn? Irgendwann sehen Sie das Immer-höher-Kommen als das allein Seligmachende an, dann kommt der Blitz, und Sie stürzen ganz weit, ganz tief hinunter.

Das Schwert als Werkzeug der Zerstörung ist wohl auch keine Lösung. Wollen Sie alles niederreißen, was Sie bis dahin erschaffen haben, Heim und Partnerschaft? Wozu? Um wieder von vorne anzufangen, weil Sie sich in Ihrem Turm und durch alles, was Sie umgibt, gefesselt fühlen? Midlife-crisis?

Oder möchten Sie das Schwert zur Abschreckung benutzen? Um alles fernzuhalten von sich, von Ihrem Partner, alles ganz weit weg? Das Ergebnis ist wohl, daß Sie in einer Isolation erstarren, die Sie und Ihren Partner möglicherweise gänzlich erstarren läßt. Ist es das, was Sie erstreben? Welche Möglichkeit Sie auch wählen, mit dem Schwert in der Hand sind sie *gefesselt* im Turm.

Divinatorische Bedeutung: Gefesselt sein. Trotz einer vielleicht strahlenden Umgebung, einer möglicherweise durchaus blendend erscheinenden Partnerschaft sind Sie dennoch nicht mehr Herr Ihres Lebens, Ihrer Umstände. Krise, die hervorgerufen wird durch mangelnde Fruchtbarkeit Ihrer Persönlichkeit, Ihrer persönlichen Lebensumstände, Ihrer Partnerschaft; Erstarrung; fehlende Aktivität, die fruchtbare Resultate zeitigt. Der Kräftefluß zwischen Ihnen und Ihrer Umwelt/Ihrem Partner ist gehemmt. Die gegenseitigen Impulse »verpuffen«, werden unterdrückt oder erreichen Sie überhaupt nicht. Sich selbst abkapseln oder abgekapselt sein; Sklave sein von äußeren Umständen oder von eigenen Wunschvorstellungen, die weit über jedes Ziel hinauszuschießen drohen; innerer Aufruhr, der zerstört anstatt positive Änderungen zu bewirken.

Hinweis: Wenn Sie diese Karte ziehen, sollten Sie dennoch nicht mutlos sein, nicht verzweifeln. Öffnen Sie die Türen Ihres persönlichen Turmes, legen Sie das Schwert ohne Furcht zur Seite und öffnen Sie sich der Fruchtbarkeit des Stabes, den Gefühlen des Kelches und dem kräftigen Wachstum der Münze. Auf diese Weise begegnen Sie *jeder* Krise der beschriebenen Art.

IX Schwerter

Zugehöriges großes Arkanum: Der Mond (Karte XVIII)
in Verbindung mit dem Schwert.

Einen bösen Traum scheinen Sie zu erleben, zu durchleiden, wenn Sie die Karte IX Schwerter in der Darstellung des Rider-Waite-Tarots betrachten. Eben aufgewacht, schlagen Sie die Hände vors Gesicht und stöhnen: »Mein Gott ...«

Die Realität ist noch grausamer, denn es handelt sich nicht »nur« um einen bösen Traum, sondern um eine Gefahr, die Ihr weiteres Leben zu einem Alptraum ausarten lassen kann, aus dem Sie vielleicht so schnell nicht erwachen können, so sehr Sie dies auch wünschen. Denn Sie haben das falsche Werkzeug gewählt, um Ihren Lebensproblemen zu begegnen.

Die Karte XVIII Der Mond warnt uns alle eindringlich vor vielerlei Gefahren: nicht in dumpfer Verzweiflung versinken, sich nicht haltlos gehenlassen; weder in hündischer Ergebenheit verharren noch dem anderen Menschen und sich selbst ein *Wolf* sein, der jagt, stellt und schließlich zerreißt; sich keinen blendenden Illusionen hingeben, keinen Luftschlössern nachjagen, sondern den »goldenen Mittelweg« gehen, der an den Gefahren wie an den Verlockungen der materiellen Welt vorbeiführt.

Nun setzt der Tarot in IX Schwerter diesen großen Bereich an Gefahren (aber auch an Möglichkeiten!) in Verbindung mit dem Schwert. Und dies – es ist nicht zu leugnen – führt weder für Sie noch für Ihren Partner zu einem auch nur annähernd als fruchtbar und beglückend anzusehenden Ergebnis.

Sie trennen und schneiden ab, arbeiten also mit Ihrem scharfen Verstand, doch zu welchem Nutzen, wenn Sie dabei auf die Fruchtbarkeit des Stabes, die Wärme der Gefühle und die sichere Verankerung der Münze verzichten? Sie schlagen wild mit dem Schwert um sich, um zielgerichtet und bewußt etwas aufzubauen durch vorherige Zerstörung von Bestehendem. Schlagen Sie dabei nur ins Wasser, versuchen Sie, mit Ihrem Schwert den Mond zu erreichen?

Sie schrecken mit dem Schwert ab, das heißt, Sie versuchen es. Können Sie allein mit dem Schwert Verzweiflung, Depressionen oder andererseits blendende Illusionen abhalten? Oder ist das einzige, was Sie damit erreichen, daß Sie sich selbst von Ihrer Umwelt abblocken und natürlich auch von deren Liebe? Sie sehen, die vielfältigen Aufgaben des Mondes sind durch das Schwert nicht zu lösen.

Divinatorische Bedeutung: Innere Not, Ausweglosigkeit, nutzlose Rundumschläge, die entweder kein oder ein völlig unbefriedigendes – eben nutzloses – Ergebnis zeitigen; Konflikt, der sich auch durchaus real vollziehen kann, bei dem Sie letztlich zerstörerisch wirken. Dabei besteht die Gefahr, daß Sie keine Chance erhalten, Ihre Partnerschaft in fruchtbarer Weise wieder aufbauen zu können. Sie drohen, folgenden Gefahren zu erliegen: tiefe Verzweiflung und Haltlosigkeit; andauernde und heftige Ruhelosigkeit ohne sicheren Schutz; Verlust des Realitätssinnes und Jagen nach unerfüllbaren Hirngespinsten; Schmerz, Leid und Sorgen ohne Ausweg.

Hinweis: Der überaus negative, ja bestürzende Charakter der Karte IX Schwerter läßt sich erstaunlich leicht abmindern oder aufheben, wenn Sie in Ihrer entsprechenden Lebenssituation eben nicht allein auf das Schwert vertrauen, sondern Ihre Position zunächst dadurch stärken, daß Sie sich um eine möglichst feste Verankerung in Ihrer realen Umwelt bemühen (Münze!). Von diesem weit sichereren Standpunkt aus können Sie den Problemen und Gefahren dann wesentlich gelassener ins Auge sehen. Sonst gleichen Sie einfach zu sehr einem Landsknecht des 17. Jahrhunderts, der ruhelos durch Moore, Dörfer und Wälder zieht . . . wohin, zu welchem Ziel eigentlich?

X Schwerter

Zugehöriges großes Arkanum: Gericht (Karte XX)
in Verbindung mit dem Schwert.

Ich habe Sie gewarnt: Der Gang durch den Satz der Schwerter gestaltet sich in keinem Fall amüsant und erfreulich. Es ist der Satz der Gefahren, fast möchte man sagen, der Satz des Leides.

Finsternis in der Karte X der Schwerter. Warum?

In der Karte XX Das Gericht werden Sie ausdrücklich aufgefordert, ehrlich zu sein, Rechenschaft abzulegen gegenüber sich selbst, Ihren Mitmenschen und der Welt, sich dem Gericht zu stellen.

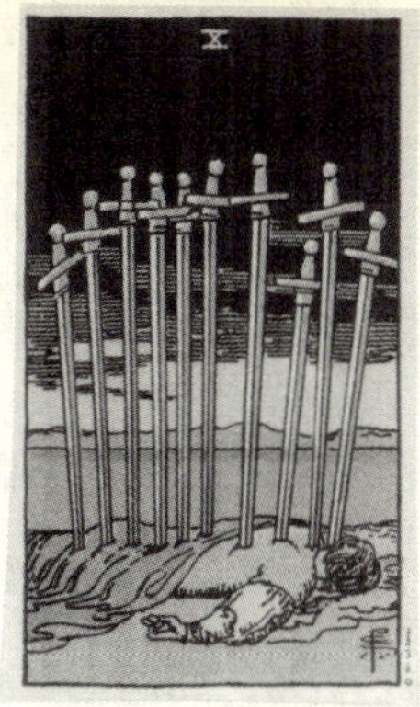

Was nun tut ein Mensch, der zum Zeitpunkt des Gerichtes zum Schwert greift? Entweder läßt er seinen Geist scharf arbeiten, wo doch der Augenblick des Bekennens da ist, und vollführt ein geistiges Hickhack, wo doch der Moment größter Ehrlichkeit gekommen ist, um dadurch den Zugang zu einer neuen Stufe des Bewußtseins zu erlangen, oder er greift zum Schwert und ruft: »Voran!« Das Ziel hat er wohl im Auge, doch ist der Zeitpunkt schlecht gewählt. Es ist die Stunde der Rechenschaft, nicht des Stürmens.

Der Tarot kennt kein Gut und kein Böse. Wenn Sie sich eingehend mit ihm beschäftigt haben, werden Sie dies erkennen. Der Tarot kennt nur Situationen, auf die wir Menschen reagieren müssen – in der einen oder der anderen Weise. Hier »greift« der Tarot wieder und zeigt uns das mögliche Ergebnis – klar und manchmal unerbittlich.

Wenn Sie sich also nicht dem Gericht stellen, nicht ehrlich sind, nicht Rechenschaft ablegen, dann sperren Sie sich bewußt gegen eine kritische Betrachtung dessen, was Sie bisher erreicht haben, sowie der direkten Umwelt, in der Sie leben, der Sie als untrennbarer Teil angehören. Sie sperren sich selbst ein, und Sie sperren sich aus von jeglichem Vorrücken in neue Bewußtseinsebenen.

Divinatorische Bedeutung: Das Ende aller Bemühungen, Hoffnungslosigkeit, sich selbst einsperren, den Partner aussperren, Verzagen, Leid, Schmerz; Verzweifeln an der eigenen Unfähigkeit, Schwächen und Fehler zu erkennen; Schwärze; Dunkelheit und Finsternis in Ihren Gedanken und in dem, was Sie tun. Anstatt ehrlich und aufrichtig in jeder Beziehung zu sein, wollen Sie dieses und jenes, und da es nicht gelingt, suchen Sie den Fehler bei anderen, bei Ihrem Partner, überall, nur nicht in Ihrem eigenen Verhalten.

Hinweis: Der einzige Weg, um aus dieser Sackgasse, die Ihnen vielleicht nicht einmal als solche erscheinen mag, zu entkommen, besteht darin, daß Sie in Ihren Bemühungen einhalten und *ehrlich* sind. Sprechen Sie mit Ihrem Partner in aller Aufrichtigkeit, scheuen Sie sich nicht davor zu sagen: »Bitte entschuldige mein Verhalten.« Wenn Sie die Tür verrammelt haben, versinken Sie in Schwärze.

ROTA TAROT
ORATOR TORA ATOR

Das Rad des Tarot
zeigt das Gesetz der Natur
und des Lebens

Literaturhinweise

Als ergänzende Lektüre sowie als Einführung in den Zusammenhang zwischen Tarot und Kabbala empfehle ich die dreibändige *Schule des Tarot* von Hans-Dieter Leuenberger, Verlag Hermann Bauer, Freiburg, 1981, 1982, 1984.

In die jahrhundertealte geistige Tradition des Tarot und in die Geheimnisse der großen Arkana führen die *Meditationen des Anonymus D'Outre-Tombe* (4 Bände, Basel, 1983) ein.

Über die nachprüfbare Geschichte des Tarot und die berühmtesten Karten-Decks informiert Stuart R. Kaplan in seinem Buch *Der Tarot – Geschichte, Deutung, Legesysteme;* Hugendubel Verlag, München, 1984.